Arquitectura Floral
# Barcelona
Floral Architecture

# Arquitectura Floral
# Barcelona
# Floral Architecture

Creaciones / *Creations*
**Escola d'Art Floral de Catalunya Fundació**

Fotografía / *Photography*
**Blai Carda**

stichting
kunstboek

# Introducción

Cuando Jaak Van Damme me propuso editar un libro realizado por los profesores de la escuela, pensé que se trataba de un sueño. ¡Nos estaba invitando a correr juntos la aventura de ubicar en la ciudad de Barcelona nuestras creaciones florales! Nos estaba ofreciendo la oportunidad de presentar nuestro trabajo a un público internacional en una publicación de reconocida calidad. Además, los escenarios de fondo, que forman parte de la diversidad arquitectónica de nuestra ciudad, han resultado excepcionales como fuente de inspiración para nuestra propia obra. El diálogo entre los elementos florales y la arquitectura de los edificios escogidos ha resultado ser extraordinariamente gratificante para todos los que hemos participado en el proyecto.

'Barcelona: Arquitectura Floral' era el título idóneo de este libro pues expresaba el punto de encuentro entre la arquitectura y la flor. Barcelona ofrece multitud de lugares interesantes desde el punto de vista arquitectónico. Entre todos ellos, quisimos escoger los que consideramos más representativos del pasado y de la actualidad, con la voluntad de ofrecer un sucinto recorrido histórico por la arquitectura que ha marcado la ciudad. En esta labor hemos contado con la ayuda inestimable del Ayuntamiento de Barcelona y de las entidades que representan y gestionan los espacios escogidos que han colaborado desinteresadamente en este proyecto.

Los lugares elegidos fueron:
- la Barcelona medieval, con la Iglesia de Santa María del Mar y la *Plaça del Rei*, donde se encuentran el Tinell y la Capilla de Santa Águeda
- la Barcelona romántica con el Gran Teatro del Liceu
- la Barcelona modernista (art nouveau) con el *Palau* de la Música, la fábrica Casaramona (reconvertida en el centro cultural CaixaForum), el *Parc Güell* y la casa Milà, conocida popularmente como 'la Pedrera'
- la Barcelona de la Exposición de 1929, con el Pabellón Mies van der Rohe
- la Barcelona racionalista, con la Fundación Joan Miró
- la Barcelona olímpica, con el *Palau Sant Jordi* y el Teatro Nacional de Catalunya

# Introduction

When Jaak Van Damme approached me with the idea of creating a book written by the teachers of the school, I thought I was dreaming. He invited us to share the adventure of presenting our floral creations throughout Barcelona! He offered us the opportunity to present our work to an international audience in a qualitative publication. The exceptional settings that are part of the very diverse architecture of our city were true sources of inspiration for our creations. The dialogue between the floral elements and the architecture of the chosen buildings was very satisfying to everyone who participated in the project.

'Barcelona: Floral Architecture' was the perfect title for a book that expresses the meeting point between architecture and flowers. Barcelona offers a multitude of interesting places from an architectural point of view. Among them we wanted to choose the ones that we considered to be the most representative of both past and present, thus offering a brief historical route including the architecture that stands out in the city. In this project we could count on the invaluable help and generous cooperation of the City Council of Barcelona and the entities that represent and manage the chosen locations.

*The selected locations were:*
- *medieval Barcelona with the Santa María del Mar Church and the* Plaça del Rei, *where one can find the Tinell and the Chapel of Santa Águeda*
- *the romantic Barcelona with the* Gran Teatre del Liceu Opera House
- *the art nouveau Barcelona with the* Palau de la Música, *the former factory Casaramona (converted into the cultural centre CaixaForum), the* Parc Güell *and the* Casa Milà, *popularly known as the 'Pedrera'*
- *the Barcelona of the World Fair in 1929 with the Pavilion Mies van der Rohe*
- *the rationalistic Barcelona with* Fundació Joan Miró.
- *the olympic Barcelona with the* Palau Sant Jordi *and the* Teatre Nacional de Catalunya
- *lastly, the maritime Barcelona, with the sea as a characteristic background for our twofold city: industry and leisure.*

y, por último, la Barcelona marítima, con el mar de trasfondo que caracteriza nuestra ciudad en un doble aspecto: el industrial y el lúdico.

Una vez definidos los escenarios arquitectónicos, cada profesor, individualmente o en grupo, tuvo que desarrollar un proyecto personal en el que la arquitectura sería la fuente de inspiración, sin olvidar las referencias simbólicas y formales con las que podíamos mostrar nuestras raíces mediterráneas, unidas a la búsqueda de materiales como el trigo, el olivo, el pino, la pasiflora…

Teníamos la idea, teníamos el espacio, teníamos los profesionales; sólo quedaba encontrar al fotógrafo. Conscientes de la importancia de la imagen en un libro de estas características, contactamos con Blai Carda que, junto a Xavier Rubirola, ha sabido interpretar, con profesionalidad y sensibilidad, la expresión de cada trabajo floral en una escenografía arquitectónica cambiante, encontrando para ello el mejor encuadre en cada fotografía.

Roser Bofill i Soliguer
Directora de l'Escola d'Art Floral de Catalunya

*Once the architectural settings were defined each teacher, individually or in a group, had to develop a personal project in which the architecture was a source of inspiration. In this project they had to show both the symbolic and formal references to our Mediterranean roots, represented by elements such as wheat, the olive tree, pine tree, passion flower …*

*We already had the idea, the locations and the professionals – now we only needed to find the photographer. Aware of the importance of the images in a book of these characteristics, we contacted Blai Carda. Together with Xavier Rubirola he knew how to interpret, with both professionalism and sensitivity, the expression of each floral work in a changing architectural setting, where they found the best background for each photograph.*

*Roser Bofill i Soliguer
Director of the Escola d'Art Floral de Catalunya*

# Infundir nueva vida a las piedras

Entorno al 1900, en plena euforia del Art Nouveau nace en Europa una admiración por todo lo oriental, a consecuencia de la cual empiezan aparecer unas obras, denominadas 'japoniserias', que no sólo copian lo físico del arte asiático, sino también lo metafísico. Hasta entonces, en Occidente, la relación que manteníamos con el mundo floral estaba más relacionada con lo botánico que con lo estético. En general, las flores, las ramas, las hojas eran un simple complemento de la decoración de las estancias habitadas, a diferencia de las pinturas o las esculturas que tenían protagonismo *per se*. Pero la traducción de obras como *El libro del té* de Okakura Kakuzo o *Elogio de la sombra* de Junichirô Tanizaki abren nuevas cosmovisiones, especialmente de la naturaleza, cuya dimensión espiritual potencia y facilita la conciencia de esta percepción que infunde nueva vida a los elementos vegetales que llega definitivamente con el ikebana, que será mucho más que una técnica, una filosofía, una estética de la vida. Y es que con esta metamorfosis los ramos dejan de ser manojos indiscriminados de flores destinados a la ornamentación y pasan a ser un medio de expresión, una poética, capaz de revelar el gusto, la sensibilidad y el espíritu de su autor.

En el fondo, el ikebana es un gesto, una sombra que prolonga la personalidad de quien ha hecho aquel arreglo floral. Es una comunicación humana no verbal que ha ido evolucionando porque ha sabido adoptar nuevas formas, de acuerdo con las técnicas y las corrientes estéticas más actuales como el *collage*, el *assemblage*, las instalaciones, la *performance* o el minimal, e incorporar elementos naturales y materiales de nuestra época. Y es precisamente este modo de hacer el que desde el 1982 están estudiando y analizando los profesores y alumnos de la *Escola d'Art Floral de Catalunya*, en un proceso que ha derivado en la propuesta que presenta este libro que viste con arte floral nuestra cultura y el marco arquitectónico de Barcelona. Así, las construcciones antiguas, modernas o contemporáneas más significativas de la ciudad han sido el escenario de unas creaciones que no pretenden ser simples decoraciones ornamentales sino que quieren ser integradoras y tienen sentido porque fondo y forma, flores y piedras, lo natural y lo artificial dialogan hasta fundirse en una unidad que da nueva vida (*ikuru*) a los edificios y paisajes más emblemáticos de Barcelona.

DANIEL GIRALT-MIRACLE
Reial Acadèmia de Ciències i Arts de Barcelona

# Giving new life to stones

*Around 1900, in complete euphoria of Art Nouveau, an admiration for the East was born in Europe, resulting in a few works called 'japoniserias', which not only copied the physical side of Asian art but also the metaphysical. Until then, in the West, our relation with the floral world was more aimed at the botanical aspect than at the aesthetical. In general, flowers, branches and leaves were only a complement of the decoration of the inhabited spaces, unlike paintings or sculptures that were protagonists per se. But the translation of works such as* The book of Tea *by Okakura Kakuzo or* Praise of the shade *by Junichirô Tanizaki opened new cosmic visions, especially of nature. The awareness of this perception, which gives new life to the vegetal elements, came with ikebana. This became much more than a technique: it became a philosophy, dealing with the aesthetics of life. And it's with this metamorphosis that branches stop being bunches or indiscriminate bundles of flowers and go beyond the ornamentation in order to become a form of expression, poetics, capable of revealing taste, sensitivity and the spirit of its author.*

*The bottom line is that ikebana is a gesture, a shade that prolongs the personality of the creator of the floral arrangement. It's a non-verbal human communication that has been evolving and taking on new forms of understanding. This could be achieved with the techniques and the most current aesthetical tendencies, such as the collage, the assemblage, the facilities, the performance or the minimal, and incorporating natural and material elements from our epoch. This way of working has been studied and analysed by the teachers and pupils of the* Escola d'Art Floral de Catalunya *since 1982. This process of many years has led up to the proposal of this book, which decorates our culture and the architectural framework of Barcelona with floral art. Thus, the most important ancient, modern or contemporary constructions of the city have been the scene of some creations that do not try to be simple ornamental decorations but, instead, want to be integrated and make sense because the background and the shape, the flowers and the stones, the natural and the artificial aspect communicate to the point of being fused into a sole unit that gives new life (ikuru) to the buildings and the most emblematic landscapes of Barcelona.*

DANIEL GIRALT-MIRACLE
*Reial Acadèmia de Ciències i Arts of Barcelona*

Rhipsalis
Fruit of Rosa canina
Fruit of Acer negundo
Fruit of Cotoneaster adpressus
Flowers of Ornithogalum arabicum

# Gran Teatre del Liceu

El Gran Teatre del Liceu de Barcelona, conocido como 'El Liceu', está situado en plena Rambla barcelonesa y fue obra de los arquitectos Miguel Garriga i Roca y Josep Oriol Mestres. Se inauguró el 4 de abril de 1847. Tuvo su momento de mayor esplendor a finales del siglo XIX y principios del XX cuando era el lugar de encuentro de la pujante burguesía catalana. A diferencia de la mayoría de grandes teatros de ópera del mundo, la construcción del Gran Teatre del Liceu se realizó mediante aportaciones de particulares. Ello condicionó la estructura del edificio (sin palco real), la propiedad de sus espacios y también las actividades que en él se realizaban, como los bailes y fiestas sociales en los salones del selecto Círculo del Liceu.

El Liceu era un feudo de la ópera italiana. Sin embargo, a partir del estreno de Lohengrin en 1884, se distinguió por su interés hacia la obra wagneriana y fue la sede del Festival de Bayreuth en 1955. En su escenario han actuado las más prestigiosas voces, sin olvidar las grandes figuras del ballet, o grandes batutas como Siegfried Wagner, Stravinsky, Böhm, Karajan, Solti o Maazel.

Después del incendio del 31 de enero de 1994, segundo de su historia, el Liceu renació de las cenizas y abrió de nuevo sus puertas en 1999, un tiempo récord logrado gracias al apoyo de las instituciones, al patrocinio de empresas y a donaciones de particulares. La reconstrucción respetó su decoración y estilo originales e introdujo importantes mejoras tecnológicas.

*The Gran Teatre del Liceu of Barcelona, better known as 'El Liceu', is located on the popular avenue La Rambla and was designed by architects Miguel Garriga i Roca and Josep Oriol Mestres. The building was solemnly opened on 4 April 1847. At the end of the 19th beginning of the 20th century the Gran Teatre experienced its moment of great splendour, when it was the meeting place of the mighty Catalan bourgeoisie. Unlike most great opera houses of the world, the construction of the Gran Teatre del Liceu was financed by means of private contributions. This funding influenced both the structure of the building (it had no real theatre box) and the property of its spaces as well as the activities that were held in it, like the social dances and balls in the halls of the selected Circle of the Liceu.*

*The Liceu was a fief of the Italian opera. From the opening of Lohengrin in 1884, it stood out for its interest in the work of Wagner and it was the headquarters of the Festival of Bayreuth in 1955. The most prestigious voices and the best ballet dancers have performed on its stage, and works of the great masters such as Siegfried Wagner, Stravinsky, Böhm, Karajan, Solti or Maazel have been played.*

*After the fire of 31 January 1994, the second in its history, the Liceu quickly re-opened in 1999 thanks to the support of various institutions, corporate sponsorship and private donations. The Liceu was reconstructed respecting its original decoration and style while at the same time implementing important technological improvements.*

p. 12-13:

El mantón era un atuendo festivo que utilizaban las mujeres de principios del siglo XX. Estaba confeccionado con sedas naturales y estampado con motivos florales. Elegancia, distinción y buen gusto.

*A stole was a festive accessory worn by women in the beginning of 20th century. They were made from natural and printed silks with floral patterns. Elegance, distinction and refinement.*

Silencio, espera, naturaleza expectante

*Silence, waiting, expectant nature*

Helianthus

Fruit of Catalpa speciosa
Stalks of Lonicera
Flowers of Gloriosa
Stalks, flowers and fruit of Passiflora edulis

Ritmo, tempo, melodía y armonía expresados a lo largo
de cuerdas colgantes.

*Rhythm, pace, melody and harmony expressed through
hanging cords.*

Fruit of Pyrus malus
Fruit of Persea americana
Chrysanthemum
Brassica botrytis
Brassica cymosa
Brassica capitata
Cucurbita pepo
Cichorium intybus
Asparagus officinalis
Lactuca sativa capitata
Phaseolus vulgaris
Citrus latifolia

El elemento definitorio de esta sala es el reflejo que provocan los múltiples espejos que decoran sus paredes. Los juegos de imágenes reflejadas se entremezclan con el trabajo floral.

*The distinctive element of this room are the reflections by the many mirrors that decorate its walls. The games of the reflected images are intermingled with the floral work.*

Leave of Ginkgo biloba
Fruit of Catalpa speciosa
Stalks of Vitis vinifera
Stalks, flowers and fruit of Passiflora coerulea
Fruit of Citrus latifolia
Chrysanthemum
Stalks of Rhynchospermum jasminoides
Brassica botrytis

Inspirado en el ser que en forma de toro luchó contra Heracles por el amor de Deyanira y que en la lucha perdió un cuerno que fue llenado de flores y frutos por una ninfa.

*Inspired by the bull-shaped creature that fought Heracles for the love of Deyanira. In the fight the creature lost a horn, which was filled with flowers and fruits by a nymph.*

# Plaça del Rei

Branch, trunk and olives of Olea europea

La forma alargada de la *Plaça del Rei*, una de las más seductoras de la Barcelona medieval, en el corazón del barrio gótico, se debe al proyecto realizado durante el reinado de Martí l'Humà (1356-1410), que pretendía eliminar el mercado existente y conseguir una plaza adecuada para celebrar torneos.

La plaza acoge un conjunto monumental de excepción. El *Palau Reial Major* – Palacio Real Mayor –, era la residencia de los condes de Barcelona y, más tarde, de los reyes de la corona cataloaragonesa cuando estaban de paso en la ciudad. Destacan su Salón del Tinell, de estilo gótico, y la capilla palatina de Santa Ágata (Santa Águeda) del siglo XIV. Posteriormente se construyó la torre-mirador del rey Martí, de cinco pisos con galerías de arcos de medio punto, desde la que se divisa una gran panorámica de la ciudad.

A la izquierda de la plaza se encuentra el *Palau del Lloctinent* (Palacio del Lugarteniente) que albergó hasta hace unos años el Archivo de la Corona de Aragón. A la derecha se levanta la casa Clariana-Padellàs, en la que se aloja el Museo de Historia de la Ciudad, desde el cual se accede al importante conjunto arqueológico de la Barcino romana, en el subsuelo.

*The oblong* Plaça del Rei *(the King's Square), one of the most seductive squares of medieval Barcelona and located in the heart of the Gothic district, was carried out during the reign of Martí l'Humà (1356-1410) and was part of a project that intended to eliminate the existing market in order to adapt the square for the celebration of tournaments.*

*The square contains a monumental and exceptional aggregate. Initially the* Palau Reial Major *(the Royal Palace) was the residence of the counts of Barcelona and later of the kings of Catalunya and the Aragón Crown when they were passing through the city. Inside the Palace the Gothic* Saló del Tinell *and the chapel of Santa Ágata from the 14th century truly stand out. In a later stage the tower lookout point of King Martí was constructed, containing five floors with galleries of half arches from which a great panoramic view of the city can be enjoyed.*

*On the left-hand side of the square one can find the* Palau del Lloctinent *(the Lieutenant's Castle), which until recently housed the Archives of the Aragón Crown. The* Casa Clariana-Padellàs *is situated on the other side and houses the History Museum of the City. Underneath that museum lies the important archaeological site Barcino, the old Roman city.*

p. 22-23:

La austeridad de la arquitectura y la carga histórica del lugar me llevan a utilizar un material sobrio y autóctono. Como reto, utilizarlo solo y sin ornamento. La forma: la estola. Originariamente era un ornamento sagrado que consistía en una banda de tela larga y estrecha destinada a colgar de altares o fachadas.

*The austerity of the architecture and the historical importance and design of this special courtyard led me to use sober and local material. I set myself the challenge to use the material on its own and without ornaments. The chosen shape was that of the stole: originally a holy ornament that consisted of a long and narrow fabric band destined to hang from altars or façades.*

Mandorla

*Mandorla*

Straw
Wood
Triticum
Rosa 'Grand Prix'

De las piedras antiguas, de la calma de los tiempos ancestrales surgen pensamientos y reflexiones que involuntariamente toman forma de cascada floral.

*From old stones, from the calm of the ancestral times, thoughts and reflections arise that involuntarily take the shape of a floral cascade.*

Camino espiritual. Evolución de los materiales desde su estado más rústico o terrenal hacia un estado más elegante o elevado.
Alfombra realizada con un solo material, trabajando sus distintas texturas.

*Spiritual path. Evolution of the materials from their most rustic or earthy state towards a more elegant or elevated state.*
*A carpet made from a single material, working with its different textures.*

Triticum

29

Rice

Maná. Bendición que cae del cielo.
Fuentes de arroz que caen desde el techo dibujando
círculos en el suelo.

*Manna. A blessing falling from the sky.*
*Fountains of rice, falling from the ceiling, drawing*
*circles on the floor.*

# Santa María del Mar

Ixia grandiflora
Pinus pinea
Xanthorrhoea

La iglesia de Santa María del Mar es uno de los máximos exponentes del gótico catalán. El 25 de marzo 1329, día de la Anunciación, se colocaba la primera piedra del templo, cuya construcción dirigiría el maestro de obra Berenguer de Montagut y que culminaría 55 años después. Se levantó extramuros de la ciudad antigua, en el entonces barrio marítimo de 'la Ribera', financiada con las aportaciones de los mercaderes y prohombres del barrio. Santa María conserva aún en la portalada principal las esculturas de los porteadores de piedra que la trasladaban desde las canteras de la cercana montaña de Montjuïc.

El bello edificio, de sosegada armonía y equilibradas proporciones, consta de tres naves separadas por grandes pilares de planta octogonal y cubiertas por bóvedas de crucería. De sobria ornamentación, abierto y amplio, parece tener una nave única. Sobre las capillas se abren grandes vidrieras que llenan de luz la iglesia. El maravilloso rosetón de la fachada data del siglo XV, pues el original quedó destruido en el terremoto que asoló la ciudad el 2 de febrero de 1428.

Abierto al culto, es el lugar escogido por muchas parejas para darse el sí y sede de numerosas manifestaciones musicales. Una invitación a sentarse en uno de sus bancos, escuchar la música del órgano del siglo XVIII y, con los ojos cerrados, imaginar el rumor del mar cercano.

*The church of Santa María del Mar is one of the major examples of the Catalan Gothic Style. The construction of the basilica was supervised by its architect Berenguer de Montagut. On 25 March 1329, Annunciation Day, the first stone of the temple was laid; the church would be completely finished 55 years later. Situated outside the walls of the ancient city, at that time known as the maritime neighbourhood 'La Ribera', the building was completely financed by contributions of merchants and businessmen of the neighbourhood. In the principal façade, Santa María del Mar still preserves the sculptures of the stone carriers, who were moving the stone blocks from the quarries of the nearby Montjuïc Mountain.*

*The beautiful edifice, exuding calm harmony and boasting perfectly balanced proportions, consists of three aisles separated by large, octagonal pillars and covered by crossed vaults. Thanks to the sober ornamentation and open and spacious feel, it seems as if the church consists of only one aisle. Light flows into the church through the large chapel windows. The wonderful rosette at the front dates back from the 15th century, when the original one was destroyed in the earthquake that affected the city on 2 February 1428.*

*A place for worshipping, many couples find it the perfect location to say 'I do'. Furthermore, due to the perfect acoustics, the church also hosts numerous musical events. Santa María del Mar invites visitors to sit down on one of its benches, listen to the music from its 18th century organ and, with the eyes closed, imagine the rumour of the nearby sea.*

Zantedeschia
Xanthorrhoea
Phalaenopsis
Echeveria imbricate

Recrear floralmente y emocionalmente la luz del
Mediterráneo transportada hacia el interior de la
iglesia por el rosetón creado por el arquitecto.

*To recreate the light of the Mediterranean flowing
into the church through the rosette both florally
and emotionally.*

Phalaenopsis
Pinus pinea
Ornithogalum arabicum
Malus ioensis
Hypericum
Ceropegia linearis woodii

Es la repetición de la misma forma encontrada
dentro de la arquitectura, en diferentes estados
y proporciones.

*A repetition of the same shape found within
the architectural style, in different conditions
and proportions.*

Cycas revoluta
Ornithogalum arabicum
Fruit of Phoenix dactylifera

La corona como forma simbólica, la Cycas como material simbólico y la flor del Ornithogalum con la simbología del blanco, unidos en este trabajo, crean una armonía y una emoción perfecta para el espacio arquitectónico elegido, que también posee una simbología dentro de la arquitectura religiosa.

*The wreath as symbolic form, the Cycas plant as symbolic material and the flower of the Ornithogalum with the symbolic colour white are joined together in this work, creating a harmony and perfect emotion for the chosen architectural space, which also possesses a symbolism within religious architecture.*

Dianthus perpetual
Passiflora tacsonia
Xanthorrhoea

La búsqueda de los colores que nos transmite
la luz y que se reflejan dentro del espacio
arquitectónico.

*The search for the colours that are transmitted
by the light and that are reflected inside the
architectural space.*

Es la recreación particular de la pasión de Cristo. La fuerza de la madera quemada, la dureza de los clavos y la suavidad, sensibilidad que nos transmite la pasiflora en rama y su flor crean este objeto de una fuerza extrema. Y con una lectura libre para cada personaje que lo pueda observar.

*My own recreation of Christ's passion. The force of the burnt wood and the hardness of the nails contrast with the smoothness and sensitivity of the Passiflora branches and flowers, thus giving this object great strength. It can be interpreted freely by every person who may observe it.*

Passiflora tacsonia

# Palau de la Música Catalana

Conocido popularmente como 'El Palau', es una suntuosa sala de conciertos proyectada por Lluís Doménech i Montaner (1850-1923), uno de los máximos exponentes del Modernismo catalán. Fue un encargo de la sociedad coral *Orfeó Català* y se inauguró en 1908. En 1997 fue declarado Patrimonio de la Humanidad por la UNESCO.

Se levantó en un pequeño solar del barrio antiguo, entre callejuelas estrechas que limitaban su perspectiva. Una intervención realizada en 2003 por el arquitecto Oscar Tusquets amplió el edificio y permitió la contemplación de algunos elementos hasta entonces ocultos, como la inmensa vidriera original de Domènech.

La ornamentación escultórica del exterior es una sucesión de alegorías sobre la música, materializadas en cerámica y forja, que sobresalen en medio del ladrillo rojo. Si el exterior emociona, el interior sobrecoge. En realidad, todo el edificio es una escultura: el recargado vestíbulo, las cúpulas revestidas de cerámica, la doble escalera con balaustres de cristal... En la sala de conciertos reinan las formas curvas y destaca la maravillosa vidriera cenital en forma de campana invertida, que pende del techo plano tapizado de coloristas cerámicas con motivos florales. El escenario está presidido por un grupo escultórico de dieciocho musas con instrumentos musicales.

*Popularly known as 'El Palau', this sumptuous concert hall was designed by Lluís Domènech i Montaner (1850-1923) and is regarded as one of Catalan Modernism's chief exponents. It was built for the* Orfeó Català *(Catalan Choral Society) and was inaugurated in 1908. In 1997 it was declared World Heritage Site by UNESCO.*

*It was built on a small plot of land in the old district, between narrow alleys, which limited its perspective. In 2003 an intervention made by architect Oscar Tusquets extended the building and revealed some elements that were until then hidden, like e.g. the immense original stained-glass window by Domènech.*

*The rich sculptural ornamentation of the façade of the* Palau *is a succession of allegories on music, materialized in ceramic and wrought ironwork, that stand out against the red brick. As moving as the outside, as surprising is the inside. In fact, the entire building is a sculpture: the over-ornate foyer, the domes covered in ceramics, the double staircase with glass balusters … In the concert hall the curved forms reign and emphasize the wonderful stained-glass window in the shape of an inverted bell, which hangs from the flat ceiling and is decorated with colourful ceramics that include floral patterns. The stage is presided over by a sculptural group of eighteen muses holding musical instruments.*

Metal structure
Hosta leaf
Paeonia 'Red Charm'
Zantedeschia 'Schwarzwalder'
Hydrangea
Thuya
Scabiosa stellata

Barandilla textural

*Textural railing*

Asparagus
Anthurium
Hosta leaf
Panicum 'Fountain'
Scabiosa stellata
Amaranthus
Astrantia
Chrysanthemum 'Shamrock'
Hypericum
Setaria italica

Repisa en transparencia

*Transparent window-ledge*

¡Sería fantástico inspirar a las musas!
Ramo de novia de gota.

*It would be fantastic to be the source of inspiration*
*for the muses!*
*A drop-shaped bridal bouquet.*

Metal structure
Tillandsia
Anigozanthos
Zantedeschia 'Schwarzwalder'
Ornithogalum arabicum
Root of Wanda
Medeola
Bulbs of the green rock crystal

Aluminium and reed structure
Phalaenopsis
Cosmos 'Black Beauty'
Lunaria
Hypericum
Pearls of black crystal
Ceropegia
Malus
Tillandsia

Estoica la estola ante la palmera. O 'Sensibilidad y fuerza'.
Ramo de novia de estola.

*The stoic stole in front of the palm tree. Or 'Sensitivity and*
*strength'. Bridal bouquet in the shape of a stole.*

Metal and organic structure
White rock crystal
Zantedeschia 'Crystal Blush'
Cosmos 'Black Beauty'
Hypericum
Root of Medeola
Root of Wanda
Rhipsalis
Lunaria

Floto ante tanta belleza.
Ramo de novia de media luna.

*I float in the presence of such beauty.*
*Half moon bridal bouquet*

¡Qué honor acompañar a tan ilustres cabezas!
J. S. Bach y L. van Beethoven, inmortalizados
en el balcón, contemplan la ciudad.
Cruces en transparencias.

*What an honour to accompany such illustrious heads!*
*J.S. Bach and L. von Beethoven, immortalized on*
*the balcony, contemplating the city.*
*Crossings in transparencies.*

Zantedeschia 'Schwarzwalder'
Chrysanthemum 'Shamrock'
Amaranthus
Panicum 'Fountain'
Asparagus
Hosta leaf
Prunus dulcis
Astrantia
Cetaria
Hypericum
Scabiosa stellata

Zygopetalum
Ipomoea bonariensis
Phyllostachys nigra

# CaixaForum

La antigua fábrica Casaramona, situada a los pies de la montaña de Montjuïc, fue proyectada por el arquitecto Josep Puig i Cadafalch (1867-1956) por encargo del empresario textil Casimir Casaramona e inaugurada en 1911. Es una de las joyas de la arquitectura industrial modernista en Cataluña, de atmósfera neogótica, erigida en obra vista de ladrillo rojo, sustentada sobre columnas de hierro fundido y cubierta con bóvedas catalanas que dan como resultado unas naves amplias y luminosas.

La fábrica cerró a los pocos años de inaugurarse y a partir de 1940 alojó las caballerizas de la Policía Nacional. La entidad bancaria *La Caixa* compró el edificio y empezó las obras de rehabilitación para convertirlo en la nueva sede de su Fundación. En la recuperación participaron los arquitectos Francisco Javier Asarta, Roberto Luna y Robert Brufau que ampliaron el espacio útil para adaptarlo a los nuevos usos. En 1992 se inauguró CaixaForum, un espacio dinámico donde conviven las artes plásticas con los programas educativos y sociales.

Y de muestra, un botón: una estructura escultórica en forma de árboles metálicos cubiertos de cristal, obra del arquitecto Arata Isozaki, marca la entrada principal, y en el vestíbulo dan la bienvenida al público un gran mural del artista conceptual Sol LeWitt y una estructura de neón de Lucio Fontana.

*The former textile factory Casaramona, located at the foot of Montjuïc Mountain, was designed by the architect Josep Puig i Cadafalch (1867-1956) for the textile businessman Casimir Casaramona and was inaugurated in 1911. It is one of the jewels of the industrial modernist architecture and Neo-Gothic atmosphere in Catalonia. The edifice is an open-plan, red brick building, sustained by columns of cast iron and covered with Catalan vaults, which grant the building spacious and bright halls.*

*The factory closed a few years after its inauguration and from 1940 onwards the building lodged the stables of the National Police. In 1976 the banking group La Caixa bought the building and began the massive renovation works in order to turn it into their new headquarters of its Foundation. The architects who took part in the renovation project – Francisco Javier Asarta, Roberto Luna and Robert Brufau – extended the useful space to adapt it to new uses. In 1992 CaixaForum was inaugurated: a dynamic space, where visual arts coexist with the educational and social programs.*

*A perfect example is the sculptural structure by the architect Arata Isozaki. Two magnificent metal trees branch out to end under a soft canopy of clear glass. In the shade of these steel giants lies the main entrance. A great mural by the conceptual artist Sol LeWitt and a neon structure by Lucio Fontana welcome the visitors when they enter the lobby.*

p. 54-55:
Inspirado en la forma de los nidos de las golondrinas
que se colocaban en las paredes del edificio.

*Inspired by the shape of the nests that swallows make
on the walls of the edifice.*

Fruit of Ceratonia siliqua
and of Symphoricarpos albus

Juego de sobre posición de línea, forma, textura y color

*Game of lines, shapes, texture and colour*

Rosa 'Black Beauty'
Gerbera mini 'Pimpernel'
Tulipa 'Ile de France'
Rubus phoenicolasius
Dahlia 'Red Cap'
Malus
Fruit of Ceratoria siliqua
Ipomoea acuminata
Capsicum frutescens
Hedera

Colores, texturas y formas protagonistas de la integración del trabajo floral con el espacio arquitectónico.

*Colours, textures and shapes take the lead in the integration of the floral work with the architectonic space.*

White clay
Cosmos atrosanguineus 'Black Beauty'

Conexión del color del suelo con el trabajo de arcilla blanca así como el de la estructura de hierro con las flores de Cosmos. La arcilla se agrieta, como se agrieta el suelo, para dejar brotar las flores.

*Nice combination of the floor colour with the white clay work, and of the iron structure with the Cosmos flowers. The clay cracks, mimicking the floor cracks, allow the flowers to grow.*

Contraste de forma y color, cuadrado y redondo, blanco y negro.

*Contrast between shape and colour, square and round, white and black.*

Hydrangea
Asparagus
Strings of blue mosaic tiles
Hedera leaves

# Parc Güell

A finales del siglo XIX, el mecenas barcelonés Eusebi Güell encargó a Antonio Gaudí (1852-1926) el diseño de una urbanización en la parte alta de la ciudad: el *Parc Güell*. El arquitecto proyectó un espacio en el que la piedra y la naturaleza debían convivir en armonía. En 1914, cuando ya se habían construido algunas dependencias comunales, los caminos y la recogida de aguas pluviales, el proyecto se interrumpió. Años más tarde, el ayuntamiento de la ciudad compró la finca y la convirtió en un parque público. El conjunto fue declarado Patrimonio de la Humanidad por la Unesco en 1984.

La parte construida es un prodigioso alarde de imaginación e ingenio: la red de serpenteantes caminos sostenidos por columnas inclinadas como troncos de palmera; la entrada monumental, la doble escalinata vigilada por un enorme dragón multicolor... La sala hipóstila tenía que ser el mercado de la urbanización y se la conoce como la de las cien columnas aunque en realidad tiene 86, que sostienen la plaza superior en la que domina el gran banco serpenteante.

Cada uno de los elementos diseñados por Gaudí nos transporta a un mundo mágico de inusitada belleza y sorprendente decoración, realizada con piedra del entorno y con revestimientos de baldosas de distintos colores fragmentadas de forma irregular, el original *trencadís*, que se adapta perfectamente a las superficies curvas.

*At the end of the 19th century, the Barcelonan patron Eusebi Güell entrusted Antonio Gaudí (1852-1926) the design of a housing development in the upper part of the city: The Parc Güell. The architect designed a space in which stone and nature were to coexist in harmony. In 1914, when some communal buildings, paths and the system of rainwater drainage had already been constructed, the project was interrupted. Years later, the Barcelona city council bought the estate and turned it into a public park. The ensemble of buildings was declared World Heritage Site by UNESCO in 1984.*

*The construction is a prodigious ostentation of imagination and ingenuity: the net of undulating ways supported by inclined columns like trunks of palm trees, the monumental entry, the double staircase monitored over by an enormous multicoloured dragon ... The hypostyle hall was to become the market place of the suburbs. Although it's better known as the hall of the hundred columns it actually only has 86, which support the top square dominated by the great undulating bench.*

*Each of the elements designed by Gaudí transports us to a magical world of unusual beauty and surprising decoration, made of stone from the surrounding environment and coated with tiles in different colours fragmented into irregular shapes and sizes, the original* trencadís, *which adapts perfectly to the curved surfaces.*

Tagetes
Gravel
Charcoal
Cobalt blue dye

p. 64-65:
Una de las figuras decorativas más emblemáticas
del *Parc Güell* es el dragón, realizado con la técnica
del despiece de cerámica o *trencadís*. Gaudí quiso
hacer presente el agua y el fuego. Lo simbolizó con
esta salamandra de colores que echa agua por la boca.
En mi trabajo he querido completarla con una cola,
para convertirla en un tritón mágico que preside la
escalinata de entrada del parque. Una nueva especie
animal, mítica y cultural, para añadir a la fantástica
lista de los tritones de Cataluña.
El trabajo consiste en una base estructural de tela
metálica, un trabajo textural.

*One of the most emblematic decorative figures of the*
Parc Güell *is the dragon, created with* trencadís *or*
*colourful mosaic of broken tiles. Gaudí thought it was*
*important to have both water and fire present. This was*
*symbolized by this colourful lizard that spouts water.*
*In my work I have attempted to complete the dragon*
*with a tail in order to turn it into a magical triton that*
*presides over the staircase of the entry. A new animal,*
*a mythical and cultural species, to add to Catalunya's*
*fantastic list of tritons.*
*The work consists of a structural base of metallic wire*
*mesh, a textural work.*

Un *mandala* naranja y negro construido debajo
de una bóveda, con la columna central invertida.
La fuerza del color naranja aporta luz a la oscuridad
de esta cúpula única. Un cuadrado de cobalto azul
rompe el juego de anillos concéntricos y se convierte
en el punto focal del trabajo.
Alfombra textural de pétalos y carbón, inspirada
en los *mandalas* tibetanos.

*An orange and black* mandala, *constructed under a*
*vault of which the main column is reversed. The*
*strength of the orange colour adds light to the darkness*
*of this unique dome. A square of blue cobalt breaks the*
*game of concentric circles and thus becomes the focal*
*point of the work.*
*Textural carpet of petals and coal, inspired by the*
*Tibetan mandalas.*

Phalaris
Juncus
Galax
Rosa 'Grand Prix'

En la sala de columnas, desde un medallón del techo, cuelga un espiral móvil de 6 metros de altura. Tiene como alma una rústica cuerda en la que se entrelazan juncos coloreados con rosas y phalaris. Contrasta la solidez de las columnatas con el grácil movimiento de las flores en suspensión. *Brochettes* entrelazadas en una cuerda.

*In the column room, a mobile spiral of 6 meter high hangs down from a medallion of the roof. Its heart is a rustic rope in which coloured rushes with roses and phalaris are interlaced. The graceful movement of the hanging flowers forms a nice contrast with the solidity of the large columns.*
*Skewers interlaced in a rope.*

Rosa 'Grand Prix'

Juego de llenos y vacíos en una de las forjas de la
entrada del *Parc Güell*. El negro metálico de la forja
de hierro contrasta con la fuerza ardiente de los pétalos
rojos. Las rústicas hojas de palmito mediterráneo
contrastan con la suavidad de los elegantes pétalos
sedosos de las rosas. Lleno y vacío. Rojo y negro.
Solidez y pasión. Luz y sombra. Hierro y seda.
Tapiz de pétalos, encuadrados en algunos tableros
de este ajedrez de forja.

*Game of abundance and emptiness in one of the wrought-
iron gates at the entry of* Parc Güell. *The metallic black
of the wrought iron contrasts with the ardent power of the
red petals. The rustic leaves of Mediterranean palmetto
contrast with the smoothness of the elegant silky rose
petals. Abundance and emptiness. Red and black. Solidity
and passion. Light and shade. Iron and silk.
Tapestry of petals, fitted in some squares of this wrought-
iron gate.*

71

Charcoal

Bajo este emblemático camino, interpretación mágica
de unos porches inclinados donde Gaudí jugó con
la gravedad. Una sólida esfera y un firme camino hasta
el horizonte estabilizan el paisaje. El rotundo negro
del carbón ayuda a dar solidez a este contrapunto
de estabilidad entre las curvas de los porches.
Bola tapizada de carbón.

*Under this emblematic path where Gaudí played
with gravity – a magical interpretation of a few sloping
porches – a solid sphere and a firm way up to the
horizon stabilize the landscape. The blackness of the
coal helps to give firmness to this contrast of stability
among the curves of the porches.
Ball covered with coal.*

# La Pedrera

Hypericum 'Dolly Parton'
Xanthorrhoea australis
Tillandsia dyeriana
Allium sphaerocephalon
Lychis
Typha

La Casa Milà es más conocida como 'La Pedrera' (la cantera), nombre con que fue bautizada popularmente por el aspecto pétreo de su fachada. Fue el último edificio de viviendas construido por Gaudí, por encargo de Pere Milà, que quería competir con otras casas modernistas levantadas en el Paseo de Gracia. Gaudí proyectó un edificio escultórico, de aire geológico, donde reinan las curvas y las alegorías marianas. Las obras se llevaron a cabo entre 1906 y 1910.

Los grandes bloques de piedra calcárea del exterior fueron tallados en el mismo lugar de la construcción, dándoles una textura rugosa. Las sinuosas rejas de hierro forjado que forman los balcones son obra de Josep Mª Jujol, íntimo colaborador de Gaudí. Aunque parezca sorprendente, a pesar de su sólido y macizo aspecto, no se sustenta sobre paredes de carga; en cambio, Gaudí ideó unas jácenas salientes en forma de T sobre las que se apoyan los bloques de piedra.

Actualmente, algunos pisos albergan dependencias y salas de exposiciones de la Fundación *Caixa Catalunya*, actual propietaria del edificio. El antiguo desván, un espacio abovedado de 270 arcos parabólicos construidos con ladrillos planos vistos, es hoy el 'Espai Gaudí', donde se exhiben maquetas, dibujos y documentos relacionados con el genial arquitecto. Unas escaleras de caracol conducen a la azotea, cuyas chimeneas parecen custodiarla cual valientes guerreros medievales. Desde aquí se pueden admirar los patios interiores y, a lo lejos, se divisa la Sagrada Familia, su última e inacabada obra.

*The Casa Milà is better known as 'La Pedrera' (the quarry). This name, given by the population to this completely unique building, was based on the stony aspect of its façade. It was the last apartment building constructed by Gaudí and commissioned by Pere Milà, who wanted to compete with other modernist houses in the* Passeig de Gràcia. *Gaudí designed a sculptural, almost geological building, where curves and allegories of the Virgin Mary reign. The works were carried out between 1906 and 1910.*

*The big calcareous stone blocks on the outside of the building were carved on site, giving them a rough texture. The wrought-iron forged grates that form the balconies were individually designed and crafted by Josep Mª Jujol, a frequent collaborator of Gaudí's. In spite of the edifice's solid and bulky aspect, it doesn't have any supporting walls on the inside. Instead, Gaudí devised salient T-beams on which the stone blocks lean.*

*At present, some floors house sections and exhibition halls of the* Caixa Catalunya *Foundation, present proprietor of the building. The old attic, a vaulted space of 270 parabolic brick arches, is now called the 'Espai Gaudí', where scale models, drawings and documents related to the brilliant architect are exhibited. Spiral staircases lead to the roof, which seems to be guarded by chimneys like brave medieval soldiers. This is the perfect spot to admire the inner patios. In the distance visitors can spot the* Sagrada Familia, *his last and unfinished work.*

p. 74-75:
El juego de las líneas, que se esconden y vuelven
a encontrarse en otro lugar, se repite sin cesar.
La ondulación en sí misma que busca y se recrea
hasta encontrarse de nuevo y volver a empezar.

*The interplay of the lines – hiding and returning in
different places – repeats itself incessantly. The undula-
tion that searches and recreates itself until it finds itself
and returns to the beginning again.*

Imagen compleja por la situación de la chimenea en el
conjunto de la azotea, tan esbelta y vigorosa, con tanto
protagonismo.
El vértice fue el hilo conductor de esta composición,
un vértice tan marcado para mí era como la separa-
ción de dos mundos opuestos, la tranquilidad o
pasividad enfrentadas al nerviosismo y a la actividad.

*An intricate image of the position of the chimney on the
roof; so gracious and vigorous, and with such prominence.
The vertex was the main concept of this composition.
It seemed to me as if such a distinctive vertex acted as
the separation of two opposed worlds: the tranquillity
or passivity versus the nervousness and the activity.*

Typha
Zantedeschia 'Schwarzwalder'
Nerine bowdenii
Needles of Pinus
Allium sphaerocephalon

Las formas ondulantes y orgánicas de vegetales entrelazados fueron mi inspiración, para construir un mundo de fantasía vegetal en que los tonos grisáceos adquieren una fuerza que contrasta con el forjado de la baranda. Unidos, construyen una simbiosis de líneas y formas que buscan el espacio que les pertenece.

*The undulating and organic forms of interlaced plants were my inspiration to construct a world of vegetal fantasy in which the greyish tones acquire a force that contrasts with the wrought-iron railing. United, they construct a symbiosis of lines and shapes that look for the space that belongs to them.*

Needles of Pinus
Ornithogalum saundersiae
Root of Vanda
Tillandsia

El juego de luces me impulsó a crear un efecto
colorista sin dejar de lado la forma definitiva del arco,
elíptica, tan modulada, con tanto secretismo.
Cortina en forma de arco, que acaricia sutilmente
la obra del genial arquitecto.

*The light pattern impelled me to create a colourful effect*
*without leaving aside the definite shape of the arch:*
*elliptical, so modulated and with so much secrecy.*
*A curtain in the shape of an arch, which subtly caresses*
*the work of the brilliant architect.*

Gloriosa rothschildiana
Amaranthus caudatus
Sandersonia
Seed of Wisteria

Araucaria
Zantedechia 'Schwarzwalder'
Passiflora coerulea
Typha

Las formas orgánicas del techo, construido con
escayola, me inspiraron como si estuviese paseando
entre el oleaje mediterráneo, como si las pequeñas
olas se estuviesen entrelazando entre sí hasta no poder
descifrar el principio ni el fin.
La Araucaria me ha permitido reproducir este
movimiento, tan sutil y a la vez tan rebuscado, con
formas ondulantes, orgánicas, y dar la importancia
de la textura reptil que nos ofrece la techumbre
de esta sala.

*The organic forms of the stucco ceiling reminded me
of taking a walk along a Mediterranean beach: as if
the small waves were being interlaced with each other
until it is no longer possible to distinguish the beginning
or the end.
The Araucaria has allowed me to reproduce this
movement, so subtle and at the same time so complex,
organic and with undulating forms. It emphasizes
the reptile texture, which is what the ceiling offers us
in this room.*

# Pabellón
# Mies van der Rohe

Gloriosa
Craspedia
Dianthus
Xanthorrhoea australis
Aristea glauca

El pabellón de Alemania, construido por Ludwig Mies van der Rohe, fue uno de los más destacados de la Exposición Internacional de Barcelona de 1929. Finalizada ésta, se desmontó y durante cincuenta años permaneció en el más completo olvido, hasta que los arquitectos Ignasi de Solà-Morales, Ferran Ramos y Cristian Cirici se encargaron de reconstruirlo en su emplazamiento original. Se inauguró en 1986 y desde entonces el pabellón no ha dejado de ser un icono de la arquitectura moderna.

El sobrio edificio, de forma rectangular de un solo nivel, está cerrado por una cubierta plana de hormigón sostenida por ocho pilares de acero cromado. Dividen el espacio interior unos muros asimétricos de cristal, acero y de cuatro tipos distintos de piedra que crean un diálogo entre los materiales. En este espacio tan íntimo figuran unos pocos elementos decorativos: la silla Barcelona, en piel blanca y con perfiles metálicos – un modelo que todavía se comercializa –, la alfombra negra, la cortina de terciopelo rojo...

En el exterior, dos estanques poco profundos aportan tranquilidad. El mayor es un espacio abierto, de observación. El menor, más recogido, incita a la contemplación. En uno de sus extremos se alza la reproducción en bronce de la escultura femenina *Mañana*, del escultor Georg Kolbe (1925).

*The national pavilion of Germany, constructed by Ludwig Mies van der Rohe, was one of the most outstanding pavilions from the International Exhibition of Barcelona of 1929. After the closure of the Exhibition, it was disassembled in 1930 and remained in the most complete oblivion for fifty years, until the architects Ignasi de Solà-Morales, Ferran Ramos and Cristian Cirici were entrusted to reconstruct it in on its original site. The pavilion was inaugurated in 1986 and has been and icon of modern architecture ever since.*

*The sober building, rectangular and entirely at ground level, is covered by a concrete flat roof supported by eight chromed, steel pillars. The interior space is divided by a few asymmetric walls made of glass, steel and four different kinds of stone that create a dialogue between the materials. In this so intimate space a few decorative elements appear: the Barcelona chair in a white leather upholstered metallic profile (a model which is still commercialized today), the black carpet, the red velvet curtain …*

*Outside, two shallow pools evoke tranquillity. The bigger pool is an open space, a space of observation. The smaller one is more quiet and incites contemplation. The famous bronze reproduction of the feminine sculpture* Tomorrow *by sculptor George Kolber (1925) can be found in the outer corner.*

p. 84-85:
El cuadrado y las redondas. Juego de formas geométricas inspirado por la regularidad y el equilibrio del pabellón.

*Square and round shapes. The game of geometric forms are inspired by the regularity and the balance of the pavilion.*

La línea dentro del rectángulo

*The line within the rectangle*

Zantedeschia
Phalaenopsis
Craspedia globosa

Dahlia
Zinnia
Rosa
Achilea millefolium
Dianthus
Hypericum
Triticum
Passiflora
Hedera

Contrastes entre lo rústico y lo elegante, lo fresco y lo seco, los cuadrados y las redondas, la línea y el punto, la primavera y el verano...

*Contrasts between the rustic and the elegant, the fresh and the dry, the square and the round shapes, the line and the point, the spring and the summer ...*

Phalaenopsis
Gypsophila 'Million Star'
Rosa 'Vendela'
Aristea glauca
Xanthorrhoea australis
Pinus pinea

Punto de encuentro, la reunión,
el descanso

*Meeting point, reunion, repose*

Contraposición entre la mujer y las líneas rectas de
la construcción. Es el único elemento del pabellón
que es 'orgánico', natural, que no contiene líneas rectas
ni formas geométricas.
Destaca el contraste entre los fríos grises del alrededor
de la composición y el rojo de los claveles.

Dianthus
Phalaenopsis
Passiflora coerulea
Typha aristea

*A contrast between the woman and the straight lines
of the construction. It is the only element of the pavilion
that is 'organic', natural, that does not contain straight
lines nor geometric forms.
The red colour of the Dianthus contrasts perfectly with
the cold, grey colours of the surroundings.*

# Fundació Joan Miró

Leave of Olea europea
Dry branch of Pinus

La Fundación Joan Miró, *Centre d'Estudis d'Art Contemporani*, se inauguró el 10 de junio de 1975 en el parque de Montjuïc y acoge la obra del polifacético artista Joan Miró (1893-1983), con más de 300 pinturas, 150 esculturas, obra textil, obra gráfica y un archivo con más de 8.000 dibujos, documentos y cartas. La Fundación ofrece además una exposición permanente de arte contemporáneo y exposiciones temporales. En la Sala Sert se custodian fondos personales y profesionales del arquitecto Josep Lluís Sert (1902-1983), autor del edificio y amigo personal del artista.

Es un conglomerado de volúmenes cubiertos, unidos por muros que forman amplias salas, patios abiertos, terrazas y jardines. Todo ello creado con elementos constructivos sencillos: hormigón, ladrillo, bóveda catalana, baldosas de barro, guijarros... El resultado es un espacio vivo, abierto y luminoso con una arquitectura que acompaña a las obras expuestas e invita a pasear y a la contemplación del exterior.

En las espaciosas terrazas y en los espacios al aire libre podemos contemplar algunas de las esculturas de Miró, como *La Carícia d'un ocell* (La caricia de un pájaro), o la *Maqueta de lluna sol i estrella* (Maqueta de luna, sol y estrella) que destacan sobre una gran panorámica de la ciudad.

*The Joan Miró Foundation, Contemporary Art centre, is situated in the heart of the Montjuïc Park and was inaugurated on 10 June 1975. It harbours the work of the versatile artist Joan Miró (1893-1983): more than 300 paintings, 150 sculptures, textile works, graphic works and a portfolio with more than 8,000 drawings, documents and letters. Furthermore, the Foundation offers both a permanent collection of contemporary art as well as temporary exhibits. In the Sert hall personal and professional funds of the architect Josep Lluís Sert (1902-1983) – designer of the building and personal friend of the artist – have been collected.*

*The building is a conglomerate of covered volumes, united by walls that form ample rooms, open patios, terraces and gardens. Simple constructive elements like concrete, brick, Catalan vault, mud floor tiles, pebbles … turn it into a vibrant, open and bright space, with an architecture that accompanies the exhibited works and invites visitors to take a walk and to enjoy the outside space.*

*The extensive terraces and the outdoor spaces are perfect places to contemplate some of the sculptures of Miró, like* La Caricia d'un Ocell *(the caress of a bird), or* Maqueta de lluna sol i estrella *(Scale model of moon, sun and stars) that stand out on a great panoramic view of the city.*

p. 94-95:
Se puede entender como una evocación al Mediterráneo por los materiales usados (hoja de olivo y rama de pino seca), o también, en forma de metáfora, como ropa tendida en una azotea.

*On the one hand, the used materials (leaf of an olive tree and dry branch of a pine tree) evoke the atmosphere of the Mediterranean. On the other hand the flowers just remind us of clothes, hung to dry on a roof terrace.*

Rosa 'Mini Spray'
Passiflora
Dahlia mini

Es una traducción de una obra de Miró al lenguaje floral.

*A translation of one of Miró's works into floral language.*

Esta instalación nace como efecto mimético de la fachada
de la Fundación Miró creada por el arquitecto Sert.

*This installation was created as a mimetic effect*
*of the façade of the Joan Miró Foundation, created*
*by the architect Sert.*

Amaryllis
Creased paper

Peacock feathers
Rosa 'Mini Spray'
Stalks of Passiflora

Esta composición nace como inspiración de los elementos escultóricos de Miró en formas orgánicas.

*The sculptural elements of Miró in organic forms.*

Eucharis
Adiantum cuneatum
Trifolium
Papyrus mini
Xanthorrhoea australis
Viburnum opulus

Es un elemento que emula la caída del chorro del
agua, ya que nace de una gárgola del edificio.

*A feature that emulates the gush of water falling
from a gargoyle of the building.*

# Palau Sant Jordi

Tillandsia
Rosa 'Spray'
Rose hips
Leucadendron
Flexigrass
Capsicum annuum
Parthenocissus tricuspidata

El *Palau Sant Jordi*, la joya del anillo olímpico de la montaña de Montjuïc, fue diseñado por el arquitecto japonés Arata Isozaki e inaugurado dos años antes de la celebración de los Juegos Olímpicos de Barcelona 92. Su inmensa cúpula está formada por una gran malla metálica cóncava que aguanta las tejas de cerámica vidriada y las planchas de zinc. Es la instalación cubierta de mayor capacidad que tiene la ciudad de Barcelona, un alarde de arquitectura e ingeniería vanguardistas. La tecnología convierte la Sala Principal en un espacio polivalente y multifuncional, gracias a un sistema móvil de cierres que permiten dividirla en aforos de 4.000 hasta 20.000 espectadores.

El *Palau Sant Jordi* acoge todo tipo de acontecimientos deportivos. Hasta la fecha se ha metamorfoseado en cancha de baloncesto, piscina gigante, pista de hielo, pista de tenis, circuito de motocross, etc., aunque por su gran capacidad y excelente sonoridad acoge a menudo conciertos multitudinarios de grandes artistas. En la actualidad, es sede de las oficinas generales de la Euroleague (Liga Profesional Europea de Baloncesto).

*The* Palau Sant Jordi, *the jewel of the Olympic ring on Montjuïc mountain, was designed by the Japanese architect Arata Isozaki and inaugurated two years before the celebration of the Olympic Games of Barcelona 92. Its immense dome is shaped by a great metallic concave grid, which supports the glazed ceramics tiles and the zinc sheets. It is the largest covered facility of the ultramodern city of Barcelona, an ostentation of avant-garde architecture and engineering. The technology turns the main room into a polyvalent and multifunctional space, thanks to a mobile system of partitions that allows to divide it into capacities of 4,000 up to 20,000 spectators.*

*The* Palau Sant Jordi *holds all kinds of sports events. Up till now it has already been transformed into a basketball field, a giant swimming pool, a skating rink, a tennis court, a motocross circuit, etc. Furthermore, thanks to its great capacity and excellent sonority, it often hosts mass concerts from major artists. Nowadays the headquarters of the general offices of the Euroleague (Professional European League of Basketball) are housed at the* Palau Sant Jordi.

p. 104-105:
El trabajo tendrá forma de ojo, es decir elíptico, y será
como un tubo que pasa de grande a pequeño, texturado
vegetalmente, donde al final se ve el edificio enmarcado
por la composición floral.

*The work is shaped like an eye, i.e. elliptical, and is like
a pipe that changes from large to small, textured with
greens, through which ultimately one sees the building
framed by the floral composition.*

Iron wire of different gauges
Formium tenax
Typha
Hydrangea macrophylla
Rosa 'Ilios'
Limonium
Eustoma
Asclepias 'Moby Dick'
Ligularia kaempferi

Este pasillo me sugiere agua, por lo tanto la propuesta
de trabajo es en el suelo formando una ola que entra
desde el fondo y va avanzando, es una alfombra en
movimiento.

*This corridor reminds me of water. Therefore I've
designed a floral wave, that starts from the back and
rolls towards you. It's like a moving carpet.*

Bark of Pinus

Para reforzar la ilusión vegetal de estas estructuras, forramos algunos troncos con corteza natural.

*In order to reinforce the vegetal illusion of these structures, we covered some trunks with natural bark.*

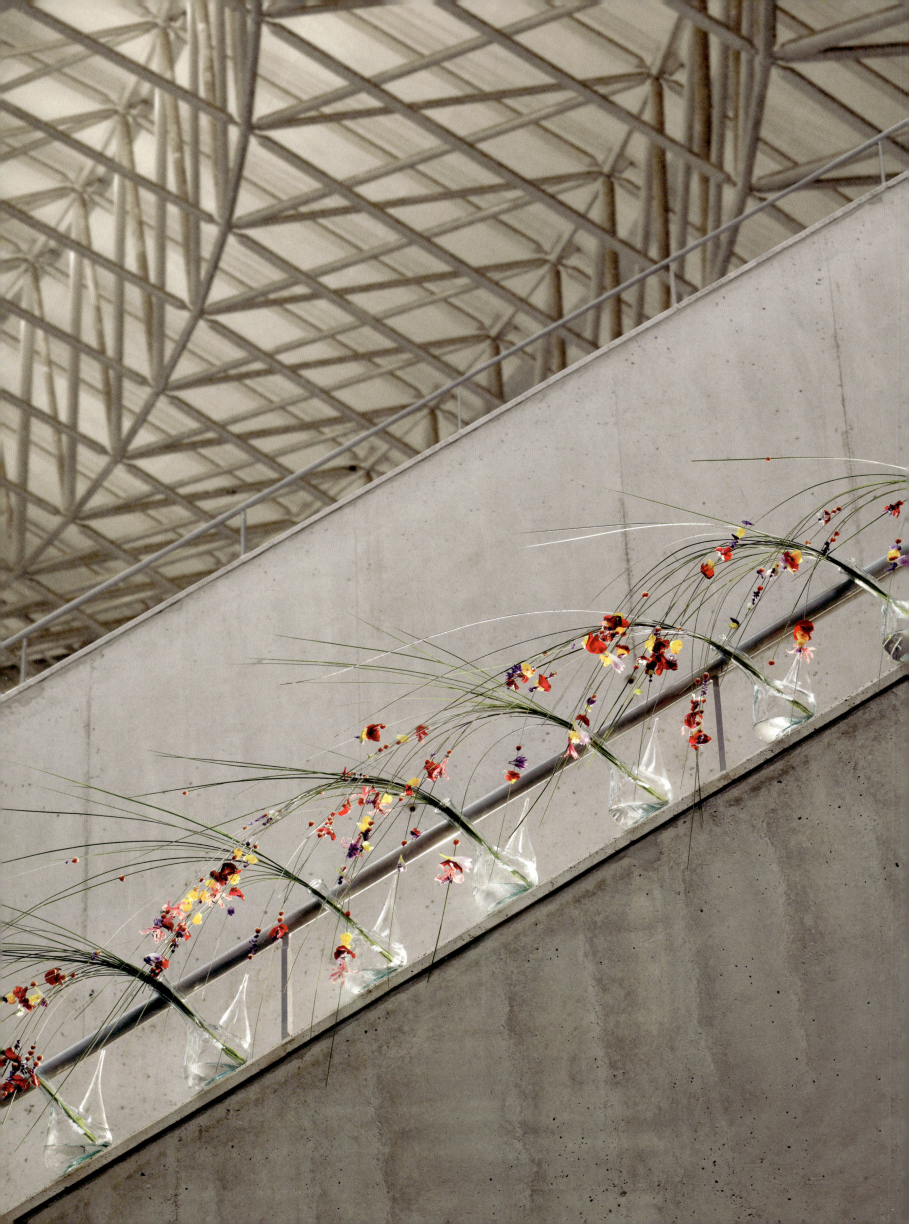

En la baranda, una serie de recipientes autóctonos y
trabajos vegetales individualizados y minimalistas
consiguen un aspecto global.

*In the railing a series of autochthonous containers and*
*individualized minimalist works with greens achieve*
*a global aspect.*

Xanthorrhoea
Nerine bowdenii
Agapantus praecox
Hypericum 'Dolly Parton'
Sandersonia aurantiaca
Ornithogalum thyrsoides
Fresia
Petals of Rosa

111

Para intensificar la perpectiva de las formas,
generamos un velo vegetal tamizado que refuerza
la impresión gráfica.

*As a way of intensifying the perspective*
*of the shapes, we created a sifted vegetal veil*
*that reinforces the graphic impression.*

Metacrilat
Hypericum
Juncus

# Teatre Nacional de Catalunya

Typha angustifolia
Coal

El TNC nació con el objetivo de crear, impulsar y producir todo tipo de espectáculos escénicos, con especial atención a las obras originales en lengua catalana. Se inauguró el 11 de septiembre de 1997.

Es un complejo integrado por dos estructuras: el edificio principal, cubierto por un techo metálico a dos aguas que recuerda al Partenón griego acoge la *Sala Gran*, de 900 localidades, y la *Sala Petita*, de 300 localidades. En el segundo edificio, que también aloja los talleres del TNC, se ha construido la *Sala Tallers,* una sala polivalente para todo tipo de espectáculos.

Proyectado por Ricardo Bofill, su construcción en la zona de la *Plaça de les Glòries* de Barcelona ha impulsado la revitalización del barrio. En la adyacente *Plaça de les Arts* se encuentra también el *Auditori Nacional* de Catalunya, lo que convierte este espacio en una de las áreas culturales más significativas de Barcelona.

*The TNC was founded with the aim to create, stimulate and produce all kinds of scenic spectacles, with special attention to works in the Catalan language. It was inaugurated on 11 September 1997.*

*The complex integrates two structures. The principal building – covered by a metallic roof consisting of two slopes that reminds us of the Greek Parthenon – houses the* Sala Gran *(the main room) with a maximum capacity of 900 people; the* Sala Petita *(the small room) can welcome up to 300 people. In the second building, which also houses the workshops of the TNC, the* Sala Tallers *(the workshops room) was constructed, a polyvalent room for all types of spectacles.*

*This building, designed by Ricardo Bofill, was constructed in the zone of the* Plaça de les Glòries *of Barcelona and has stimulated the revitalization of the neighbourhood. In the adjacent square* Plaça de les Arts, *visitors can also find the* Auditori Nacional de Catalunya, *which makes this area one of the most significant cultural areas of Barcelona.*

p. 114-115:
Suspensión entre la vida y la muerte

*Suspended between life and death*

p. 118-119:
Paisaje de butacas

*Landscape of theater seats*

Anthurium
Crocosmia
Capsicum annuum

Contraste de texturas

*Contrast of textures*

Craspedia globosa
Dianthus
Phalaris
Rosa
Typha angustifolia

Entre dos líneas

*Between two lines*

Xanthorrhoea
Sempervivum
Phalaenopsis
Dicentra
Hypericum
Ceropegia
Kalanchoe
Parthenocissus

Rosa

Marco rojo para una perspectiva

*Red frame for a perspective*

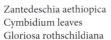
Zantedeschia aethiopica
Cymbidium leaves
Gloriosa rothschildiana

# La Barcelona marítima

El mar que dio esplendor a la Barcelona medieval estuvo alejado de la vida de los barceloneses hasta principios de los años ochenta. La fachada marítima, frontera entre la tierra y el mar, era un paisaje desolado, cerrado, ocupado por instalaciones industriales, muelles de carga, líneas férreas y un vetusto puerto.

La recuperación del frente marítimo y de las playas de la ciudad fue un proceso que duró varios años y que se ofreció con todo su esplendor durante los Juegos Olímpicos de 1992, aunque la culminación de la adecuación total de los más de cuatro kilómetros de costa tuvo que esperar hasta 2004, con la celebración del Fórum Universal de las Culturas.

El mar es hoy abierto, libre y accesible. En el nuevo litoral conviven las instalaciones culturales y de ocio con la industria y el comercio; algunos barcos de pesca se avistan desde los grandes transatlánticos; los antiguos 'chiringuitos' de madera son hoy modernos restaurantes y el metro nos deja a pie de playa: Barceloneta, Vila Olímpica y Poblenou. Es el espacio de ocio más grande del área metropolitana.

*The sea, which gave grandeur to the medieval Barcelona, was removed from the life of the inhabitants of Barcelona until the beginning of the eighties. The waterfront was a desolate, closed landscape occupied by industrial facilities, loading docks, ferrous rail tracks and an dilapidated port.*

*The revaluation of the sea front and of the beaches of the city was a process that took several years. During the Olympic Games of 1992 the city could already show off its splendour, but the culmination of the complete transformation of the more than four kilometres of coastline was not completed until 2004, with the celebration of the Universal Forum of Cultures.*

*Nowadays, the sea is opened up freely and accessibly. Along the new coastline the cultural and leisure facilities coexist with industry and commerce; some fishing boats can be spotted from the big transatlantic ships; the former refreshment stalls have become modern restaurants and the underground has a stop very close to the beaches of Barceloneta, Vila Olímpica and Poblenou. It is the largest leisure space in the metropolitan area.*

p. 122-123:
La mejor vista de la ciudad

*The best view of the city*

Ampelopsis quincaefolia
Solanum lycopersicum 'Yellow Plum'
Solanum lycopersicum 'Red Vine'
Raphanus sativus
Dianthus 'Ivonne'
Formium tenax

Sombrilla ecológica en un mundo industrial

*Ecological sunshade in an industrial world*

Wisteria sinensis
Amaranthus caudatus
Rosa 'Black Beauty'
Hedera helix
Solanum lycopersicum

Amanecer después de la party

*Sunrise after the party*

p. 130-131:
Poema visual en el que la espuma del mar
cobra vida convirtiéndose en flor.

Gypsophila paniculata

*Visual poem in which the foam of the sea
receives life turning into a flower.*

Grass

El regalo
Te regalo una piedra.
Te regalo una vista.
Te regalo el mar.

*The gift*
*I give you a stone.*
*I give you a view.*
*I give you the sea.*

1: Roser Bofill
2: Rosa Mercader
3: Jaume piñol
4: Otilia Colom
5: Jordi Abelló
6: Àngels Artigas
7: Daniel Santamaría
8: Mercè Argilés
9: Xavier Lloveras
10: Maria Casamitjana
11: Xavier Rubirola
12: Bea Beroy
13: Alfons Tost
14: Idoia Lizeaga
15: Àlex Segura
16: Pere Padrós
17: Raúl Pernia
18: Concepció Boix
19: Llum Benedicto
20: Montse Bolet
21: Esther Lladonosa
22: Blai Carda

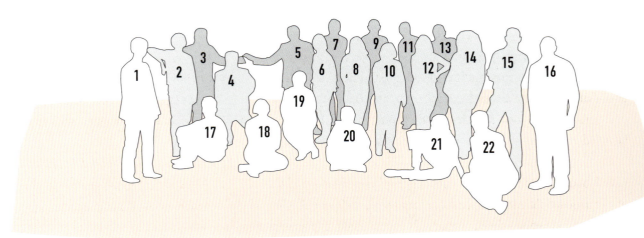

134

# L'Escola d'Art Floral de Catalunya

*L'Escola d'Art Floral de Catalunya* cumple en el año 2007 25 años de su fundación. Nuestra institución representa a un colectivo entusiasta que ha creído en el proyecto de reconvertir el arte floral en un oficio de prestigio integrado en el mundo del diseño.

En el año 1982, un grupo de floristas catalanes nos unimos para crear lo que sería la primera escuela de arte floral de España. En una primera etapa, tuvimos que reciclarnos y dar así contenido teórico a un programa escolar propio. Más adelante, la incorporación de antiguos alumnos como profesores ha permitido tener un equipo joven formado en las últimas tendencias. Actualmente, el claustro de profesores consta de 25 profesionales del arte floral además de los especialistas en botánica, bellas artes y marketing.

Nuestro recorrido ha sido largo, pero no hemos estado solos. Hemos tenido la formación continuada de grandes maestros europeos entre los que queremos destacar a Gregor Lersch, Peter Hess, Paul y Ursula Wegener, Wally Klett, Gerhard Neideger y al profesor valenciano Enrique León.

Hemos trabajado con el apoyo del sector: los mercados de flor y planta de Mercabarna y Vilassar de Mar, la Feria de Expohogar de Barcelona, las empresas del sector y, finalmente, hemos contado con la ayuda de las instituciones que nos representan: el apoyo incondicional del *Gremi de Floristes de Catalunya* y la homologación de estudios por parte de la FEEF.

Nuestra escuela, además de ser un centro de formación, es un centro de creación constituido por profesores, alumnos y antiguos alumnos que participan en exposiciones, demostraciones y concursos nacionales e internacionales. Nos enorgullece enormemente reconocer que los cinco últimos concursantes representantes de España en la Copa de Europa han sido alumnos y posteriormente profesores de la escuela.

Este libro nace en un momento de madurez y nos da la oportunidad de mostrar toda la creatividad del profesorado de *l'Escola* después de un recorrido de 25 años. No podíamos empezar mejor la celebración de este aniversario tan significativo. Por todo ello, agradecemos enormemente a Jaak Van Damme que haya pensado y confiado en nosotros.

# The Escola d'Art Floral de Catalunya

*The* Escola d'Art Floral de Catalunya *celebrates its 25th anniversary in 2007. Our institution is made up of a dynamic group that has always believed in converting floral art into a prestigious trade that has become part of the world of design.*

*In 1982 a group of Catalan florists got together to create what would be the first school of floral art of Spain. Initially we had to retrain ourselves and include the theory into our own educational program. Later on, some of our former students became teachers at our school which has allowed us to have a young team of professionals that have been trained in the latest tendencies. Presently, the team of teachers is made up of 25 professionals of floral art, in addition to the specialists in botany, fine arts and marketing.*

*Our journey has been long, but we have not been alone. We have been doing continuous training with great European masters among which we would like to highlight Gregor Lersch, Peter Hess, Paul and Ursula Wegener, Wally Klett, Gerhard Neideger and from Valencia, Enrique León.*

*We have worked with the support from the sector: the flower and plant market from Mercabarna and Vilassar de Mar, the Expohogar Fair of Barcelona, and companies from the sector. Furthermore we could always count on the help from the institutions which represent us: unconditional support from the 'Gremi' Association of Florists of Catalunya and the official recognition of the study program on the part of the FEEF.*

*Our school is a centre for creation as well as a training institution made up of teachers, students and former alumni who participate in exhibits, demonstrations and national and international contests. We are so very proud to acknowledge that the last five participating representatives for Spain in the European Cup have been students of ours, who became teachers in our centre later on.*

*This book has been created at a moment of maturity and it gives us the opportunity to show all of the creativity of the teaching staff of the school throughout the last 25 years. What a wonderful way to begin the celebration of such an important anniversary. We are ever so grateful to Jaak Van Damme who not only thought of us, but also put his trust in us.*

Jaume Piñol i Beltrán, Mercè Argilés i Gómez,
Esther Lladonosa i Montull

# Gran Teatre del Liceu

## Esther Lladonosa i Montull

Es oficial florista y con especialización por la *Escola d'Art Floral de Catalunya*, homologada por la FEEF. Aprendió la técnica de base en la Escuela Española de Arte Floral y la especialización en la escuela Federfiori (Italia). Ha realizado cursos de Formación de Formadores titulados por la *Generalitat de Catalunya* y de especialización con los profesores Gregor Lersch, Ursula Wegener, Peter Hess, Jean-Marie Leemans, Giorgio Tesi, Wally Klett, Nicole von Boletzky, Olaf Schroers, Peter Assman y Enrique León. También ha asistido a cursos de pedagogía en Ateliers de Basilea, en Weihenstephan de Freising, en Floristik de Hamburgo y en la propia *Escola d'Art Floral*, donde es profesora desde 1991. Imparte cursos en distintos centros formativos de España y Portugal. Ha sido miembro del jurado en concursos nacionales.

She is Master Florist at the Escola d'Art Floral de Catalunya, acknowledged by the FEEF. She learned the basic techniques in the Spanish School of Floral Art and has specialized at the Federfiori school (Italy). She has taken teachers' training courses at the Generalitat de Catalunya, and specialization courses with master florists such as Gregor Lersch, Ursula Wegener, Peter Hess, Jean-Marie Leemans, Giorgio Tesi, Wally Klett, Nicole von Boletzky, Olaf Schroers, Peter Assman and Enrique León. She has attended pedagogy courses at Ateliers in Basel, at Weihenstephan in Freising, Floristik in Hamburg and at the Escola d'Art Floral, where she has been a teacher since 1991. She gives courses in different centres throughout Spain and Portugal. She has been a jury member in national contests.

## Mercè Argilés i Gomez

Es oficial florista y con especialización por la *Escola d'Art Floral de Catalunya*, homologada por la FEEF. Ha asistido a cursos en la Escuela Española de Arte Floral, y a los cursos de Formación de Formadores titulados por la *Generalitat de Catalunya*. También ha cursado especialización con los profesores Llum Benedicto, Alfons Tost, Gregor Lersch, Ursula Wegener, Peter Hess, Jean-Marie Leemans, Giorgio Tesi, Wally Klett, Nicole von Boletzky, Olaf Schroers y Enrique León. Ha participado en cursos de pedagogía en Ateliers de Basilea, en Weihenstephan de Freising, en Floristik de Hamburgo y en la propia *Escola d'Art Floral*, donde es profesora desde 1992. Imparte cursos en distintos centros formativos de España y participa en demostraciones y exposiciones de ámbito nacional.

She is Master Florist at the Escola d'Art Floral de Catalunya, acknowledged by the FEEF. She has attended courses in the Spanish School of Floral Art, and has taken teachers' training courses at the Generalitat de Catalunya. Furthermore, she has taken specialization courses with master florists such as Llum Benedicto, Alfons Tost, Gregor Lersch, Ursula Wegener, Peter Hess, Jean-Marie Leemans, Giorgio Tesi, Wally Klett, Nicole von Boletzky, Olaf Schroers and Enrique León. She has participated in courses of pedagogy at Ateliers in Basel, at Weihenstephan in Freising, at Floristik in Hamburg and at the Escola d'Art Floral, where she has been a teacher since 1992. She gives courses in different training centres throughout Spain and participates in demonstrations and exhibitions of national scope.

## Jaume Piñol i Beltrán

Oficial florista y con especialización por la *Escola d'Art Floral de Catalunya*, homologada por la FEEF, ha cursado también asignaturas en la Facultad de Económicas en la Universidad de Barcelona. Ha realizado cursos de arte floral en la Escuela Española de Arte Floral y de especialización en la Federfiori (Italia), así como el curso de Formación de Formadores del *Departament de Treball* de la *Generalitat de Catalunya*, y cursos de especialización con los profesores Gregor Lersch, Paul y Ursula Wegener, Peter Hess, Jean-Marie Leemans, Giorgio Tesi, Wally Klett, Nicole von Boletzky, Olaf Schroers y Enrique León. También ha asistido a cursos de pedagogía en Ateliers de Basilea, en Weihenstephan de Freising, en Floristik de Hamburgo. Es profesor de la *Escola* desde 1989 donde imparte cursos regulares y monográficos de arte floral, marketing y gestión de empresas, como en otros centros de España, Portugal y Latinoamérica. Especialista en jurado de concursos internacionales titulado por la FEUPF, ha sido miembro del jurado en distintos concursos nacionales y en 2003 formó parte del jurado de la Copa de Europa de Arte Floral en Salamanca.

He's Master Florist at the Escola d'Art Floral de Catalunya, acknowledged by the FEEF, and has also attended subjects at the Faculty of Economics in the University of Barcelona. He has completed courses in the Spanish School of Floral Art and has specialized at the Federfiori school (Italy); he has taken teachers' training courses at the Work Department of the Generalitat de Catalunya, and specialization courses with master florists such as Gregor Lersch, Paul and Ursula Wegener, Peter Hess, Jean Marie Leemans, Giorgio Tesi, Wally Klett, Nicole von Boletzky, Olaf Schroers and Enrique León. He has participated in pedagogy courses at Ateliers in Basel, at Weihenstephan in Freising and at Floristik in Hamburg. He has been a teacher at the Escola d'Art Floral since 1989, where he regularly teaches and gives floral art monographic courses, marketing and business management. He also gives courses in other training centres throughout Spain, Portugal and Latin America. He is a a jury member (acknowledged by the FEUPF), has been judging in various national contests and in 2003 he was a member of the jury of the European Cup of Floral Art held in Salamanca.

Àngels Artigas i Claret, Concepció Boix i Arimany,
Raúl Pernia Fernandez, Idoia Lizeaga Iturralde

# Plaça del Rei

## Idoia Lizeaga Iturralde

Licenciada en Bellas Artes con la especialidad de Artes
Gráficas, es oficial florista y con especialización por la
*Escola d'Art Floral de Catalunya,* homologada por la
FEEF. Ha asistido a cursos y monográficos sobre temas
artesanales y artísticos, y cursos de especialización con
los profesores Alfons Tost, Llum Benedicto, Montse Bolet,
Daniel Santamaría, Gregor Lersch, Peter Hess, Marie
Bosson y Enrique León. Ha realizado cursos de pedagogía
del arte floral en Floristik en Hamburgo y en la propia
*Escola,* donde es profesora desde 2002. Especialista en
temas artísticos y de expresión plástica, colabora en
exposiciones y demostraciones de ámbito nacional tanto
en empresas como en entidades del sector.

*She has graduated in Fine Arts (specialization in Graphic
Arts) and is Master Florist at the* Escola d'Art Floral de
Catalunya, *acknowledged by the FEEF. She has attended
monographic courses on artisan and artistic subjects and
has taken specialization courses with master florists such
as Alfons Tost, Llum Benedicto, Montse Bolet, Daniel
Santamaría, Gregor Lersch, Peter Hess, Marie Bosson and
Enrique León. She has completed courses in floral art
pedagogy at Floristik in Hamburg and at the* Escola d'Art
Floral, *where she has been a teacher since 2002. She is a
specialist in artistic subjects and in plastic expression, she
takes part in exhibitions and demonstrations of national
scope in companies as well as in organizations of the sector.*

## Raúl Pernia i Fernandez

Es oficial florista y con especialización por la *Escola
d'Art Floral de Catalunya,* homologada por la FEEF,
y ha realizado cursos de especialización con los profesores
Alfons Tost, Llum Benedicto, Montse Bolet, Daniel
Santamaría, Gregor Lersch, Peter Hess, Marie Bosson
y Enrique León. También ha asistido a cursos de pedagogía
del arte floral en Floristik en Hamburgo, en Suiza y en la
propia *Escola,* donde es profesor adjunto desde 2004.
Participa en exposiciones y realiza demostraciones de
arte floral en empresas y entidades del sector. Asimismo,
participa en concursos de ámbito nacional y ha quedado
campeón en el concurso de Expohogar en 2003.

*He is Master Florist at the* Escola d'Art Floral de Catalunya,
*acknowledged by the FEEF, and has completed specialization
courses with master florists such as Alfons Tost, Llum
Benedicto, Montse Bolet, Daniel Santamaría, Gregor Lersch,
Peter Hess, Marie Bosson and Enrique León. In addition to
that he has also attended courses in floral art pedagogy at
Floristik in Hamburg, in Switzerland and at the* Escola d'Art
Floral, *where he has been a teacher since 2004. He participates
in exhibitions and gives demonstrations of floral art in
companies and organizations of the floral industry. Furthermore, he participates in national contests and became
champion in the Expohogar Cup in 2003.*

## Concepció Boix i Arimany

Es oficial florista y con especialización por la *Escola
d'Art Floral de Catalunya*, homologada por la FEEF, y
ha asistido a cursos en la Escuela Smilax. También ha
cursado especialización con los profesores Alfons Tost,
Llum Benedicto, Montse Bolet, Daniel Santamaría,
Gregor Lersch, Peter Hess, Marie Bosson y Enrique León,
y pedagogía del arte floral en Floristik en Hamburgo,
en Suiza y en la propia *Escola,* donde es profesora
adjunta desde 2004. Participa en exposiciones y realiza
demostraciones de arte floral en empresas y entidades
del sector.

*She is Master Florist at the* Escola d'Art Floral de Catalunya,
*acknowledged by the FEEF, and has attended courses at the
Smilax School. She has also attended specialization courses
with master florists such as Alfons Tost, Llum Benedicto,
Montse Bolet, Daniel Santamaría, Gregor Lersch, Peter
Hess, Marie Bosson and Enrique León, and floral art
pedagogy at Floristik in Hamburg, in Switzerland and
at the* Escola d'Art Floral, *where she has been a teacher
since 2004. She participates in exhibitions and gives floral
art demonstrations in companies and organizations of the
floral industry.*

## Àngels Artigas i Claret

Graduada en *Arts i Oficis Artístics,* ha asistido a cursos
monográficos de cerámica y a cursos de Formación de
Formadores titulados por la *Generalitat de Catalunya.*
También ha realizado cursos de especialización con los
profesores Llum Benedicto, Montse Bolet, Alfons Tost,
Gregor Lersch, Ursula Wegener, Peter Hess, Jean-Marie
Leemans, Giorgio Tesi, Wally Klett, Nicole von Boletzky y
Enrique León, y cursos de pedagogía en Ateliers de Basilea,
en Weihenstephan de Freising, en Floristik de Hamburgo
y en la propia *Escola d'Art Floral,* donde es profesora desde
1997. Desde 1992 es coordinadora de la *Escola* en Girona,
donde forma parte del equipo de coordinación de
la *Exposició de Flors.* Participa con regularidad en
exposiciones y demostraciones florales.

*She has graduated in Arts and Artistic Trades, and has
attended ceramics monographic courses and teachers'
training courses at the* Generalitat de Catalunya. *Also she
has completed specialization courses with master florists such
as Llum Benedicto, Montse Bolet, Alfons Tost, Gregor Lersch,
Ursula Wegener, Peter Hess, Jean-Marie Leemans, Giorgio
Tesi, Wally Klett, Nicole von Boletzky and Enrique León,
and pedagogy courses in Ateliers of Basel, in Weihenstephan
of Freising, Floristik of Hamburg and at the* Escola d'Art
Floral, *where she has been a teacher since 1997. Since 1992
she has been the coordinator of the* Escola d'Art Floral *in
Girona, where she is a member of the coordination team
of the* Exposició de Flors. *She regularly participates in
exhibitions and floral demonstrations.*

137

# Santa María del Mar

## DANIEL SANTAMARÍA I PUEYO

Oficial florista y con especialización por la *Escola d'Art Floral de Catalunya*, homologada por la FEEF. Ha realizado cursos de Formación de Formadores titulados por la *Generalitat de Catalunya*, y de especialización con los profesores Llum Benedicto, Montserrat Bolet, Alfons Tost, Gregor Lersch, Ursula Wegener, Peter Hess, Giorgio Tesi, Wally Klett, Nicole von Boletzky, Olaf Schroers, Kai Jentsch y Enrique León. Imparte cursos de pedagogía para profesores junto a Britta Olhrogge en Floristik de Hamburgo y en la propia *Escola d'Art Floral*, donde es profesor desde 1997. También imparte cursos en distintos centros formativos de España, Europa, Latinoamérica y Asia. Realiza exposiciones y demostraciones de arte floral en empresas y entidades del sector, tanto nacionales como internacionales. Ha sido campeón de los concursos Copa de Arte Floral de Catalunya (1996) y Copa de España de Arte Floral (1997), y subcampeón de la Copa de Arte Floral de Europa en 2003. Fue ayudante de la Copa de España en 2005 en Tenerife.

*He is Master Florist at the Escola d'Art Floral de Catalunya, acknowledged by the FEEF. He has completed teacher's training courses at the Generalitat de Catalunya, and specialization courses with master florists such as Llum Benedicto, Montserrat Bolet, Alfons Tost, Gregor Lersch, Ursula Wegener, Peter Hess, Giorgio Tesi, Wally Klett, Nicole von Boletzky, Olaf Schroers, Kai Jentsch and Enrique León. Together with Brita Ohlrogge he gives pedagogy courses for teachers in Floristik of Hamburg and at the Escola d'Art Floral, where he has been a teacher since 1997. Furthermore, he gives courses in different training centres throughout Spain, Europe, Latin America and Asia. He realizes exhibitions and floral art demonstrations in companies and entities in the floral sector, national as well as international. He was champion of the Catalunya Floral Art Cup (1996) and of the Spanish Floral Art Cup (1997), and runner-up in the European Floral Art Cup in 2003. In 2005 he assisted in the Spanish Floral Art Cup in Tenerife.*

# Palau de la Música Catalana

## LLUM BENEDICTO I ALONSO

Oficial florista y con especialización por la *Escola d'Art Floral de Catalunya*, homologada por la FEEF, ha realizado cursos de Formación de Formadores titulados por la *Generalitat de Catalunya*. También ha asistido a cursos de especialización con los profesores Gregor Lersch, Paul y Ursula Wegener, Peter Hess, Jean-Marie Leemans, Giorgio Tesi, Wally Klett, Nicole von Boletzky, Olaf Schroers, Peter Assman y Enrique León, y en las escuelas de Grunberg, Formafleur (Francia) y Moscú. Asimismo ha realizado cursos de pedagogía en Ateliers de Basilea, en Weihenstephan de Freising, en Floristik de Hamburgo y en la propia *Escola d'Art Floral*, donde es profesora desde 1986. También imparte clases en distintos centros formativos de España y Latinoamérica. Es especialista en arte floral y temas nupciales, y como tal ha participado como jurado de concursos internacionales titulada por la FEUPF. Asimismo ha sido miembro del jurado en distintos concursos nacionales, formó parte del equipo de la Copa del Mundo de Interflora en 1997 y en el de la Copa de Europa.

*She is Master Florist at the Escola d'Art Floral de Catalunya, acknowledged by the FEEF, and has completed teachers training courses at the Generalitat de Catalunya. Furthermore, she has also attended specialization courses with master florists such as Gregor Lersch, Paul and Ursula Wegener, Peter Hess, Jean-Marie Leemans, Giorgio Tesi, Wally Klett, Nicole von Boletzky, Olaf Schroers, Peter Assman and Enrique León, and in the schools of Grunberg, Formafleur (France) and Moscow. She has also taken courses in pedagogy in Ateliers of Basel, in Weihenstephan of Freising, Floristik of Hamburg and in the Escola d'Art Floral, where she has been a teacher since 1986. In addition to this, she gives classes in different training centres in Spain and Latin America. She is a specialist in floral art and bridal floristry in specific, and has thus participated as jury member in international floral art contests and is acknowledged by the FEUPF. She has been a jury member in different national contests and was part of the team for the World Floral Art Cup of Interflora in 1997 and the European Cup.*

# CaixaForum

## Bea Beroy i Villacampa

Ha realizado cursos de Ingeniería Técnica Agrícola en la Universidad de Barcelona y es oficial florista y con especialización por la *Escola d'Art Floral de Catalunya*, homologada por la FEEF. Ha realizado cursos de Formación de Formadores titulados por la *Generalitat de Catalunya*, así como cursos de especialización con los profesores Llum Benedicto, Montserrat Bolet, Alfons Tost, Gregor Lersch, Ursula Wegener, Peter Hess, Marie Bosson y Jean-Marie Leemans, Giorgio Tesi, Wally Klett, Nicole von Boletzky, Olaf Schroers y Enrique León, y cursos de pedagogía en Ateliers de Basilea, en Weihenstephan de Freising, en Floristik de Hamburgo y en la propia *Escola d'Art Floral*, donde es profesora desde 1994. Realiza exposiciones y demostraciones en empresas y entidades del sector. Es especialista como jurado de concursos internacionales y titulada por la FEUPF. Ha sido miembro del jurado en concursos nacionales, y ayudante del equipo de la Copa de Interflora en 1991, de la Copa de España en 1994, de la Copa de Europa en 1999, y jurado de sala en la Copa de Europa en 2003.

*After having finished her agricultural engineer studies at the* Universidad de Barcelona, *Bea Beroy i Villacampa became Master Florist at the* Escola d'Art Floral de Catalunya, *qualified by the FEEF. She then took a teachers' training course at the* Departamento de Treball *of the* Generalitat de Catalunya, *followed by specialization courses with the teachers of the* Escola *(like Llum Benedicto, Montserrat Bolet, Alfons Tost) and with the European teachers Gregor Lersch, Peter Hess, Marie Bosson, Wally Klett and Enrique León and pedagogy courses in Ateliers of Basel, Weihenstephan of Freising. She continued her teachers' training in floral art at Floristik with Britta Ohlrogge and Daniel Santamaria in Hamburg and at the* Escola *in Catalunya, where she has taught since 1994.*
*Nowadays she gives expositions and exhibitions in companies and organisations in the floral sector. She has been a jury member (acknowledged by FEUPF) in several international competitions and was assistant at the team of the Interflora Cup in 1991, the Cup of Spain in 1994 and the Europe Cup in 1999. In 2003 she was a jury member at the Europe Cup.*

# Parc Güell

## Maria Casamitjana i Berenguer

Oficial florista y con especialización por la *Escola d'Art Floral de Catalunya*, homologada por la FEEF, ha realizado cursos de Formación de Formadores titulados por la *Generalitat de Catalunya*. También ha asistido a cursos de especialización con los profesores Gregor Lersch, Ursula Wegener, Peter Hess, Jean-Marie Leemans, Giorgio Tesi, Wally Klett, Nicole von Boletzky, Olaf Schroers y Enrique León, además de cursos de pedagogía en Ateliers de Basilea, Weihenstephan de Freising, Floristik de Hamburgo, Moscú y en la propia *Escola d'Art Floral*, donde es profesora desde 1988. Realiza habitualmente exposiciones y demostraciones de arte floral en Cataluña y en el resto de España.

*As a Master Florist at the* Escola d'Art Floral de Catalunya, *qualified by the FEEF, she has also completed a teachers' training course at the* Generalitat de Catalunya. *In addition to that she has attended specialization courses with master florists such as Gregor Lersch, Ursula Wegener, Peter Hess, Jean-Marie Leemans, Giorgio Tesi, Wally Klett, Nicole von Boletzky, Olaf Schroers and Enrique León, and pedagogy courses in Ateliers of Basel, Weihenstephan of Freising, Floristik of Hamburg, Moscow and at the* Escola d'Art Floral, *where she has been a teacher since 1988. She regularly holds exhibitions and floral art demonstrations in Catalonia and throughout the rest of Spain.*

# La Pedrera

## Jordi Abelló i Roig

Graduado en interiorismo, es oficial florista y con especialización por la *Escola d'Art Floral de Catalunya*, homologada por la FEEF. Ha realizado cursos de Formación de Formadores titulados por la *Generalitat de Catalunya*, así como cursos de especialización con los profesores Gregor Lersch, Ursula Wegener, Peter Hess, Jean-Marie Leemans, Giorgio Tesi, Wally Klett, Nicole von Boletzky, Olaf Schroers y Enrique León, y cursos de pedagogía en Atelier5 de Basilea, en Weihenstephan de Freising, en Floristik de Hamburgo y en la propia *Escola d'Art Floral*. Es profesor de la *Escola* desde 1988 y también imparte cursos en distintos centros formativos de España y Latinoamérica. Es especialista en arte floral, dibujo, escaparatismo y proyectos, y realiza exposiciones y demostraciones de arte floral en Cataluña y en el resto de España. Ha sido miembro del jurado en distintos concursos nacionales.

*Graduated in Interior Design and Master Florist at the Escola d'Art Floral de Catalunya, qualified by the FEEF. He has completed a teachers' training course at the Generalitat de Catalunya, as well as specialization courses with masters such as Gregor Lersch, Ursula Wegener, Peter Hess, Jean-Marie Leemans, Giorgio Tesi, Wally Klett, Nicole von Boletzky, Olaf Schroers and Enrique León, and pedagogy courses in Ateliers of Basel, in Weihenstephan of Freising, Floristik of Hamburg and at the Escola d'Art Floral, where he has been a teacher since 1988. He also gives courses in different training centres throughout Spain and Latin America. He is a specialist in floral art, drawing, window-dressing and designs, and carries out exhibitions and demonstrations of floral art in Catalonia and throughout Spain. He has been a jury member for various national contests.*

# Pabellón Mies van der Rohe

## Xavier Lloveras i Viñals

Ha realizado cursos de Interiorismo en la *Escola LLotja* de Barcelona, de Formación de Formadores titulados por la *Generalitat de Catalunya*, y de especialización con los profesores Llum Benedicto, Montserrat Bolet, Alfons Tost, Gregor Lersch, Ursula Wegener, Peter Hess, Giorgio Tesi, Wally Klett, Nicole von Boletzky, Olaf Schroers y Enrique León. También ha asistido a cursos de pedagogía en Weihenstephan de Freising, en Floristik de Hamburgo y en la propia *Escola d'Art Floral*, donde es profesor desde 1997. Asimismo, imparte cursos de pedagogía para profesores junto a Mikaela en Suiza, y en distintos centros formativos de España y Europa. Realiza exposiciones y demostraciones de arte floral en empresas y entidades del sector, tanto nacionales como internacionales. Fue campeón en la Copa de Arte Floral de Catalunya (2001) y en la Copa de España en Tenerife (2005), y ayudante del subcampeón en la Copa de Europa de Arte Floral (2003); también ha sido ayudante en la Copa de España de Arte Floral (1997) y representante de España en la Copa de Europa en 2007.

*He has taken courses of Interior Design at the LLotja school of Barcelona, has completed a teachers' training course at the Generalitat de Catalunya and specialization courses with master florist such as Llum Benedicto, Montserrat Bolet, Alfons Tost, Gregor Lersch, Ursula Wegener, Peter Hess, Giorgio Tesi, Wally Klett, Nicole von Boletzky, Olaf Schroers and Enrique León. He has attended pedagogy courses in Weihenstephan of Freising, Floristik of Hamburg and in the Escola d'Art Floral de Catalunya, where he has been a teacher since 1997. Likewise, together with Mikaela he gives courses of pedagogy for teachers in Switzerland, and in various training centres in Spain and Europe. He realizes exhibitions and demonstrations of floral art in companies and entities in the industry, both national as well as international. He was champion of the Floral Art Cup of Catalonia (2001) and of the Floral Art Cup of Spain in Tenerife (2005), and assisted the runner-up of the European Cup of Floral Art (2003); furthermore he has assisted in the Floral Art Cup of Spain (1997) and was representative of Spain in the European Cup in 2007.*

# Fundació Joan Miró

## ALFONS TOST I SOLÀ

Diplomado en Diseño de Interiores por la *Escuela Eina*, es oficial florista y con especialización por la *Escola d'Art Floral de Catalunya*, homologada por la FEEF. Ha realizado cursos de Formación de Formadores titulados por la *Generalitat de Catalunya*, así como cursos de especialización con los profesores Gregor Lersch, Paul y Ursula Wegener, Peter Hess, Jean-Marie Leemans, Giorgio Tesi, Wally Klett, Nicole von Boletzky, Olaf Schroers, Peter Assman y Enrique León. Es profesor de la *Escola* desde 1988. Especialista en arte floral e interiorismo, realiza exposiciones y demostraciones de arte floral en Catalunya y en el resto del Estado Español. Ha sido campeón de distintos concursos de arte floral: Iᵉ Copa de Arte Floral de Catalunya (1987), Copa de Arte Floral de España (1989), Copa Interflora de Arte Floral en Catalunya (1996), y subcampeón de la Copa de Interflora de España (1998).

*After having graduated in Interior Design at the* Eina School, *Alfons Tost I Solà is Master Florist at the* Escola d'Art Floral de Catalunya, *qualified by the FEEF. He has completed a teachers' training course at the* Generalitat de Catalunya, *as well as specialization courses with master florists such as Gregor Lersch, Paul and Ursula Wegener, Peter Hess, Jean-Marie Leemans, Giorgio Tesi, Wally Klett, Nicole von Boletzky, Olaf Schroers, Peter Assman and Enrique León. He has been a teacher at the* Escola d'Art Floral de Catalunya *since 1988. As a specialist in floral art and interior design, he carries out exhibitions and demonstrations of floral art in Catalunya and throughout Spain. He has been champion of floral art contests: 1st Floral Art Cup of Catalunya (1987), 4th Floral Art Cup of Spain (1989), Interflora Cup of Floral Art in Catalunya (1996) and runner-up of the Interflora Cup of Floral Art in Spain (1998).*

# Palau Sant Jordi

## MONTSERRAT BOLET I SOLER

Tras realizar cursos de jardinería, se tituló como oficial florista y con especialización por la *Escola d'Art Floral de Catalunya*, homologada por la FEEF. Ha realizado cursos de Formación de Formadores titulados por la *Generalitat de Catalunya*, además de cursos de especialización con los profesores Gregor Lersch, Paul y Ursula Wegener, Peter Hess, Jean-Marie Leemans, Giorgio Tesi, Wally Klett, Nicole von Boletzky, Olaf Schroers, Peter Assman y Enrique León, y en las escuelas de Grunberg, Formafleur (Francia) y Moscú. También ha asistido a cursos de pedagogía en Ateliers de Basilea, en Weihenstephan de Freising, en Floristik de Hamburgo y en la propia *Escola d'Art Floral*, donde es profesora desde 1989. Es especialista en temas nupciales y montajes efímeros y participa en exposiciones y demostraciones nacionales e internacionales (Tokio y Sapporo en 1992). Ha sido miembro del jurado en concursos nacionales y formó parte del equipo de la Copa de España en 1991, del equipo de la Copa de Europa en 1995 en Hamburgo y de la Copa de Europa en 2003 en Salamanca.

*After naving taken courses of gardening, Montserrat Bolet i Soler became Master Florist at the* Escola d'Art Floral de Catalunya, *qualified by the FEEF. She has completed a teacher's training courses at the* Generalitat de Catalunya, *specialization courses with master florists such as Gregor Lersch, Paul and Ursula Wegener, Peter Hess, Jean-Marie Leemans, Giorgio Tesi, Wally Klett, Nicole von Boletzky, Olaf Schroers, Peter Assman and Enrique León, and in schools in Grunberg, Formafleur (France) and Moscow (Russia). Furthermore she has attended pedagogy courses in Ateliers of Basel, in Weihenstephan of Freising, in Floristik of Hamburg and in the Escola d'Art Floral, where she has been a teacher since 1989. She is a specialist in wedding and ephemeral arrangements and takes part in exhibitions and national and international demonstrations (Tokyo and Sapporo in 1992). She has been a jury member in national contests and was part of the team in the Spanish Cup in 1991, the team in the European Cup in 1995 in Hamburg and in the European Cup in 2003 in Salamanca.*

# Teatre Nacional de Catalunya

## ALEX SEGURA I ARANA

Es graduado en diseño gráfico y oficial florista con especialización por la *Escola d'Art Floral de Catalunya*, homologada por la FEEF. Ha realizado cursos de Formación de Formadores titulados por la *Generalitat de Catalunya*, cursos de especialización con los profesores Llum Benedicto, Montserrat Bolet, Alfons Tost, Gregor Lersch, Ursula Wegener, Peter Hess, Giorgio Tesi, Wally Klett, Nicole von Boletzky, Olaf Schroers y Enrique León, así como cursos de pedagogía en Floristik de Hamburgo y en la propia *Escola d'Art Floral*, donde es profesor desde 2001. Imparte asimismo cursos en distintos centros formativos de España y Latinoamérica. Realiza exposiciones y demostraciones de arte floral en España, Europa y Latinoamérica y es miembro del jurado en distintos concursos nacionales. También es especialista en jurado de concursos internacionales titulado por la FEUPF. Formó parte del equipo del subcampeón de la Copa de Europa en 2003, del equipo de la Copa del Mundo de Interflora en Australia en 2004 y formó parte del equipo de la Copa de Europa en Tenerife en 2005.

*He has graduated in graphic design and as a Master Florist at the* Escola d'Art Floral de Catalunya, *qualified by the FEEF. He has taken a teachers' training course at the* Generalitat de Catalunya, *courses of specialization with master florists such as Llum Benedicto, Montserrat Bolet, Alfons Tost, Gregor Lersch, Ursula Wegener, Peter Hess, Giorgio Tesi, Wally Klett, Nicole von Boletzky, Olaf Schroers and Enrique León, and pedagogy courses in Floristik of Hamburg and in the* Escola d'Art Floral, *where he has been a teacher since 2001. Likewise, he gives courses in various training centres throughout Spain and Latin America. He realizes exhibitions and floral art demonstrations in Spain, Europe and Latin America and is a jury member in various national contests. In addition to this, he has been a jury member (acknowledged by FEUPF) in several international competitions. He was part of the runner-up's team in the European Floral Art Cup in 2003, of the team of the Interflora World Cup in Australia in 2004 and of the team of the European Cup in Tenerife in 2005.*

# La Barcelona marítima

## OTILIA COLOM I ESMATGES

Otilia Colom i Esmatges, Pere Padrós i Campo

Es técnico especialista en Jardinería por la *Escola Rubió i Tudurí de Barcelona* y oficial florista con especialización por la *Escola d'Art Floral de Catalunya*, homologada por la FEEF. Ha realizado cursos de Formación de Formadores titulados por la *Generalitat de Catalunya*, así como cursos de especialización con los profesores Gregor Lersch, Paul y Ursula Wegener, Peter Hess, Jean-Marie Leemans, Giorgio Tesi, Carlo Pirollo, Wally Klett y Enrique León, y cursos de pedagogía en Ateliers de Basilea, en Weihenstephan de Freising, en Floristik de Hamburgo y en la propia *Escola d'Art Floral*. Pionera en la formación de arte floral en España, es miembro del grupo experimental español de arte floral. Fue cofundadora de la *Escola d'Art Floral de Catalunya*, en la que imparte clases desde 1981. Realiza exposiciones y demostraciones de arte floral en Catalunya y en el resto de España.

*She is a technical specialist in Gardening at the* Escola Rubió i Tudurí *of Barcelona and Master Florist at the* Escola d'Art Floral de Catalunya, *acknowledged by the FEEF. She has taken teachers' training courses at the* Generalitat de Catalunya, *as well as courses of specialization with master florists such as Gregor Lersch, Paul and Ursula Wegener, Peter Hess, Jean-Marie Leemans, Giorgio Tesi, Carlo Pirollo, Wally Klett and Enrique León, and courses of pedagogy in Ateliers of Basel, in Weihenstephan de Freising, in Floristik of Hamburg and in the* Escola d'Art Floral de Catalunya. *Pioneer in floral art training in Spain, she is member of the Spanish experimental group of floral art. Co-founder of Escola d'Art Floral de Catalunya, in which she has been giving classes since 1981. She carries out exhibitions and demonstrations of floral art in Catalunya and throughout Spain.*

## PERE PADRÓS I CAMPO

Cofundador de *l'Escola d'Art Floral de Catalunya*, ha realizado cursos de especialización con los profesores Gregor Lersch, Paul Wegener y Giorgio Tesi. Es especialista en arte floral y cerámica. Es miembro del jurado en concursos nacionales profesionales y populares. Realiza demostraciones y exposiciones de arte floral de carácter nacional e internacional y participa anualmente en *l'Exposició de Flors* de Girona. Colabora en la difusión de la profesión a través de la prensa y la radio. Fue representante de España en la 1ª Copa Europea de Arte Floral en Stuttgart (1967) y ganó el primer premio, junto a Mercé Ferrer, del concurso Internacional de Land-Art en Grindelwald (2005). Ha ocupado los cargos de vocal del *Gremi de Catalunya*, miembro de la Junta de Gobierno de la *Asociació Española Interflora* y vocal delegado en Cataluña de Fleurop Interflora España SA. Ha ejercido como profesor de la *Escola* y actualmente es vocal de la *Fundació*.

*He's the co-founder of* Escola d'Art Floral de Catalunya *and has taken specialization courses with master florists such as Gregor Lersch, Paul Wegener and Giorgio Tesi. He's specialized in floral and ceramic art. Furthermore he's a jury member in professional and popular national floral art contests. In addition to this, he carries out demonstrations and exhibitions of floral art of national and international character and annually participates in the* Exposició de Flors de Girona. *As such he collaborates in the promotion of the profession in the press. As the Spanish representative he has taken part in the European Floral Art Cup in Stuttgart (1967) – where he won first place together with Mercé Ferrer – and in the International contest of Land-Art in Grindelwald (2005). He has held the positions of representative of the* Gremi de Catalunya, *member of the governing body of the Spanish Association Interflora and delegate of Fleurop Interflora España SA Catalunya. He has worked as a teacher at the* Escola d'Art Floral *and presently is a member of the Foundation.*

**Concepto / *Concept***
Jaak Van Damme

**Creaciones / *Creations***
Escola d'Art Floral de Catalunya Fundació
Casp, 124, baixos
ES-08013 Barcelona
T. +34 93 247 02 05
F. +34 93 232 28 99
E-mail: escola@escolaartfloral.org
Internet: www.escolaartfloral.org

**Fotografía / *Photography***
Blai Carda, Global Image Projects, ES
Ayudante del fotógrafo: Xavier Rubirola
Producción fotográfica: Rosa Mercader / líniazero edicions

**Coordinación & Introducción / *Coordination & Introduction***
Roser Bofill

**Logística / *Logistics***
Marisa Lendoire

**Prefacio / *Preface***
Daniel Giralt-Miracle

**Redacción de textos / *Text editing***
Rosa Carvajal Campderrós / líniazero edicions

**Redacción final / *Final editing***
An Theunynck, Femke De Lameillieure, Eva Joos

**Traducción / *Translation***
Elia Santamaria

**Diseño & Impresión / *Layout & Print***
Graphic Group Van Damme bvba, Oostkamp (B)

**Publicado por / *Published by***
Stichting Kunstboek bvba
Legeweg 165
B-8020 Oostkamp
T. +32 50 46 19 10
F. +32 50 46 19 18
E-mail: info@stichtingkunstboek.com
Internet: www.stichtingkunstboek.com

ISBN: 978-90-5856-223-4
D/2007/6407/06
NUR: 421

**Agradecemos la amable colaboración de las instituciones que han querido participar desinteresadamente en la realización de este libro:**
*We would like to thank the following institutions that have donated their services for the realization of this book:*

Ajuntament de Barcelona / Imatge i Publicacions
Ajuntament de Barcelona / Parcs i jardins
Fundació Gran Teatre del Liceu
Basílica de Santa Maria del Mar
Fundació Mies van der Rohe
Fundació Caixa Catalunya
Fundació Orfeó Català Palau de la Música
Fundació Joan Miró
Barcelona Serveis Municipals, S.A.
Teatre Nacional de Catalunya
CaixaForum, Centre Social i Cultural de l'Obra Social 'la Caixa'
Museu d'Història de la Ciutat de Barcelona (MHCB)
Autoritat Portuària de Barcelona
Eurostars Grand Marina Hotel ***** GL

**Los maestros floristas quieren agradecer a todas las personas que han aportado su valiosa colaboración a la realización de sus trabajos:**
*The master florists wish to thank everyone who has participated in the realization of their works:*

Albert Santorroman – Alfons Escoda – Amadeu Ferré – Angels Fáneca
Anna Casamitjana – Britta Olhrogge – Carme Comella – Carme Roselló
Carme Sánchez – Carmen Nuevo – Carolina Boix – Cesca Casamitjana
Clara Barceló – Dani Ibañez – David Saura – Emilia Sorribas
Esperança Elizalde – Eva Gómez – Federico Bencini – Foix Cervera
Francesc Porres – Francesca Brocci – Gemma Pujol – Jukka Sakari
Laia Traby – Laia Garrosset – Lola Alvarez – Lluís Casamitjana
Mª Assumpció Capdevila – Maribel Vaño – Marisa Lendoire
Mercè Ferrer – Mia Parramón – Mireia Font – Montse Arimany
Montse Nadal – Neus Abizande – Nuria Eizaguirre – Nuria Pastor
Núria Soriano – Pako Zahinos – Pere Cervera – Pere Padrós – Romy Pijuan
Rocío Saro – Rosa Otero – Sergi Catalán – Sergio González – Sergi Gonzalez
Toni Galitó – Vicens Martí Ollé – Vicens Sencianes

**Asimismo agradecemos su apoyo a las empresas siguientes:**
*We would also like to thank the following companies for their support:*

Sagrera TV – Restaurante Gotic Torá – Ponflor – Fruites Vilodi
Metz España – Texflors – Josep Terradas